汤晨龙/编著

管理好学习

在主动自发中快乐学习

优等生自我管理指南　青少年健康成长旗帜

★ 这是一套"让父母放心、让老师省心、让学生称心"的书！

★ 刮起千百万青少年学生自我负责、自我管理"风暴"！

★ 这是中国第一套以青少年为视角讲述自我负责、自我管理的探索读本。

大地传媒

中原出版传媒集团

中原农民出版社

·郑州·

图书在版编目（CIP）数据

管理好学习：在主动自发中快乐学习/汤晨龙编著 . —郑州：
中原农民出版社，2014.10

（青少年自我管理"胜"经系列）

ISBN 978 - 7 - 5542 - 0839 - 7

Ⅰ.①管…　Ⅱ.①汤…　Ⅲ.①学习方法 – 青少年读物

Ⅳ.①G791 – 49

中国版本图书馆 CIP 数据核字（2014）第 205449 号

出 版 人　刘宏伟
总 策 划　汪大凯
责任编辑　王艳红
责任校对　钟 远
封面设计　法思特设计

出版：中原农民出版社
　　　（地址：郑州市经五路 66 号　电话：0371 - 65751257
　　　邮政编码：450002）
发行：全国新华书店
承印：三河市燕春印务有限公司
开本：690mm × 1092mm　　　　　　1/16
印张：13
字数：200 千字
版次：2014 年 10 月第 1 版　　　印次：2016 年 5 月第 2 次印刷
书号：ISBN 978 - 7 - 5542 - 0839 - 7　　定价：29.80 元

本书如有印装质量问题，由承印厂负责调换

前 言 Foreword

很多人把青春期称为人生的"花季"和"雨季"。说这一时期是"花季",是因为这一时期的人青春昂扬,英气勃发;说这一时期是"雨季",是因为要经历许多成长的烦恼。青春期,是我们从幼稚走向成熟的过渡时期。

紧张的学习、激烈的竞争、单调的生活、成长的烦恼,使青少年学生经常处于"雨季"当中,学习的烦恼常常困扰着这些"雨季"中的青少年。

这时候,如果能改进学习方法,变"要我学"为"我要学",则学习就是一件快乐的事情。

要想在短时间内学习到大量的知识绝非易事。所以,一旦你掌握了一定的学习技巧,就会在短时间内比一般人学到更多的生存知识,能更快更好地改变自己的生活状态。但是在现实生活中总会存在这种现象:很多人一直都在努力学习,但是收益不大。事实上,他们一直在努力,但是没有一定的学习技巧,没有掌握正确的学习方法,更重要的是他们不会运用学习的技巧和方法,所以总是事倍功半。

不同的人学习相同的知识,为什么有的人很快就可以掌握,而有的人浪费了大量的时间和精力之后仍然达不到自己的目标,这种巨大的差异背后到底隐藏了什么秘密?是不是因为天赋的不同造成的?后天的努力到底在多大的程度上可以改变一个人的学习现状?我们在学习各种技能时该如何提高?

这都是需要我们去寻找的答案。

为此我们编写本书，帮助青少年管理学习，转变学习态度。本书结构新颖，集故事、道理、方法、训练于一体，是一本难得的学习宝典。本书配有大量的真实案例，让读者通过最生动、最直观的方式领会学习的奥妙，快乐地学习。

热切期望广大青少年朋友阅读本书后，学习成绩、学习能力都有所提高。

最后，希望每一位青少年学生都能健康快乐地学习、成长！

目 录 Contents

第三章　增强学习兴趣——有趣地学习等于有效地学习

第四章　学会化解压力——让压力变成学习的动力

◆ 第五章 领悟记忆方法——激发记忆带来的学习动力

◆ 第六章 掌握学习技巧——工欲善其事，必先利其器

青少年自我管理"胜"经系列

◆ 第七章 通畅乐学之路——除掉学习路上的"拦路虎"

第一章　端正学习态度
——要时刻谨记"我要学"

　　学习很重要，学习要靠方法，学习更要靠心态，不快乐的学习，是件很痛苦的事。学习不是一朝一夕就能完成的，学习要靠勤奋、专心、恒心，只有这样学习才有效率，才能学到更多的东西。作为青少年，只有端正学习态度，才能走出学习的瓶颈。

没有知识无法立足于社会

英国哲学家培根坚信，以掌握自然界发展规律为内容的人其本身的知识就是一种巨大的力量。人的知识和人的力量相结合为一，达到人的力量的道路和达到人的知识的道路是紧挨着的，而且几乎是一样的，培根的这一观点被后人概括为：知识就是力量。

不管时代怎样向前发展，知识始终是推动时代前进的力量。因此，世界上每个国家都十分重视知识的力量。所以，"国家进步，教育先行"才会得到

知识决定命运

人们的认可。对我们个人来说，要想在短时间里有所进步，学习知识是最好的办法，将它转化为学习能力是最快捷的途径。

没有知识的人很难在社会上立足，这是因为他们无法做到与社会的发展同步，所以无论在什么时候，学习都是我们生存的重要课题。当你学到了让自己生存的本领，你就可以很好地发挥自己的才能，为自己赢得生活的资本。

现实生活中有许多人都是靠吸收知识一步步走出来的。李云龙如今是一家实力雄厚的皮革制造公司的总经理，如果告诉你他其实是一个只有初中文化水平的人，也许你会怀疑，他究竟是如何坐到今天的位置上的呢？原来，他初中毕业后迫于生计就到一家皮革厂打工。上班第一天，李云龙就被种类繁多的皮革弄得发晕，在家乡只见过牛皮、羊皮的他似乎第一次明白世界上还有这么多种类的皮革。因为公司也是刚转型不久，大家都没有什么经验，工友们抱怨，皮革发僵、变硬、破损等问题经常出现，影响工期，还经常要返工。这怎么办呢？晚上回去躺在床上，李云龙辗转反侧，他最后想到了书。

第二天一下班，他就直奔书店买了一本《皮革加工1000问》。书的价格是40元，相当于李云龙一周的生活费。晚上，他惊喜地发现，几乎所有的问题在书里都有详细的分析、说明。他索性不睡觉了，爬起来，找了一块木板，开始做试验，就这样一直忙到天亮。第二天上班，两眼通红的他开始为大家解决一个又一个的难题，而且还能讲出一套套的理论，工友们看着有些亢奋的他惊奇不已。第八天，他就成了公司的技术骨干。

一旦钻研起来，李云龙发现，即使就皮革来讲，知识也非常庞杂，需要继续学习。相关的书很贵，他就每天去书店蹭书看，每天都看到书店关门。有时候会捧着书在厂里待到很晚，反复地看书、试验。后来他又自学了电脑。机遇总是给有准备的人，学完电脑没多久，公司要调一个人到写字楼工作，有一个条件就是会电脑操作，于是李云龙顺利入选。

新的挑战随后开始，李云龙被任命为客户代表。在刚开始一个多月的时间里，李云龙没有签到一个客户，承受着巨大的压力，但他相信知识可以救自己。他对自己做了个总结：①和人打交道有问题，见到女客户甚至脸红。②表达能力不好。③知识面窄，与接受过高等教育的客户们缺乏共同语言，而且不能掌握高学历人群的心理和需求。于是，他补习社交礼仪、演讲口才、顾客心理、营销策略等方面的知识，一个月之后见客户不再紧张了。知识给了他自信。在之后的 6 个月时间里，他签下了 450 万元的订单，名列公司第一位。

因为在每个岗位都能胜任，李云龙逐渐受到重用，先后担任技术监理、销售部经理、客服中心总监等职务。他又开始读现代人力资源管理之类的书籍，同时也开始为公司员工编写培训教材。

作为高级技术人才调入公司领导层的李云龙目前仍然是初中学历，他笑称自己是写字楼里学历最低的人。不过他的下属却都很服他，他们说，李总相当专业，也很健谈。8 年的时间，他改变了自己的人生，凭借的是对知识的不断渴求。

自我管理箴言

> 学习任何知识都有助于你能力的增长。尤其是在现在的社会环境中，学到有用的知识对于你而言有助于你与社会保持统一的步伐，并不断超越时代发展的要求，成为时代的宠儿。

 要注重学习生活中的知识

知识就是力量。尤其在知识经济时代，谁拥有了知识，谁就拥有了追求成功的第一要素。

随着时代的发展，人们打破了往日对知识的理解。

人们已认识到：知识与能力并不完全是相等的，知识并不等于能力。21世纪对能力界限的新要求，迫使人们重新审视自己所学的知识。

但不管时代怎样发展，你都应使头脑保持清醒，必须清清楚楚地理解知识与能力的关系。

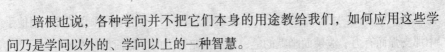

培根也说，各种学问并不把它们本身的用途教给我们，如何应用这些学问乃是学问以外的、学问以上的一种智慧。

有了知识，并不等于有了与之相应的能力，运用与知识之间还有一个转化过程，即学以致用的过程。中国有句谚语："学了知识不运用，如同耕地不播种。"

如果你有很多的知识但却不知如何应用，那么你拥有的知识就只是死的知识。死的知识不能解决实际问题。

因此，你在学习知识时，不但要让自己成为知识的仓库，还要让自己成为知识的熔炉，把所学知识在熔炉中消化、吸收。

你应结合所学的知识，参与学以致用的活动，提高自己运用知识和活化知识的能力，使你的学习过程转变为提高能力、增长见识、创造价值的过程。

你还应加强知识的学习和能力的培养，并把两者的关系调整到黄金位置，使知识与能力能够相得益彰、相互促进，发挥出巨大的潜力和作用。

所以，每个人不仅应该苦读与爱好、兴趣、职业有关的"有字之书"，同时还应该领悟生活中的"无字之书"。

通过阅读"有字之书"，你可以学习前人积累的知识、前人学以致用的经验，并从中加以借鉴，避免走岔道、走弯路；通过读"无字之书"，你可以了解现实，认识世界，并从"创造历史"的人那里学到书本上没有的知识。

如果你想能尽快、尽好地读透"有字之书"，必须结合读"无字之书"，才能记忆深刻、牢固。

"用自己的眼睛去读世间这一部活书。""倘只看书，便变成书橱，即使自己觉得有趣，而那趣味其实是已在逐渐硬化，逐渐死去了。"

重视"读世间这一部活书"，读"无字之书"，是鲁迅先生的主张。

鲁迅少年时代有很长的一段时间在农村度过，而且也乐于与农村少年为友，喜欢到农村看社戏。他从农村少年、农村社戏中了解了很多农村生活，也因此增长了不少见识，他后来创作的《故乡》、《社戏》等短篇小说的生活素材都是在那时积累的。

鲁迅一生写了很多针砭时弊的杂文，其犀利的语言，也来自对"无字之书"的知识积累。如果不注意读社会现实这部"无字之书"，只知闭门做学问，他又

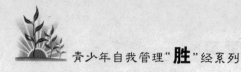

怎么会从中看出"世人的真面目",怎么会成为"一个伟大的画家","用他手中那支强而有力、泼辣而幽默的笔,画出黑暗势力的丑陋面目"呢?

自我管理箴言

    读万卷书,行万里路,是说人要有较多的知识和丰富的阅历,也就是要人们能理论联系实际,善于利用知识处理各种事情。丰富的阅历是成大事者不可缺少的资本,所以,我们不但要注重书本知识,也要注重生活中的知识。

学习能力决定竞争力

    因为科技进步与经济的增长,这个世界的整体水平都在快速地提升。在这样的背景下,所有的事物都在以它前所未有的速度更新换代,竞争更是明显地趋于激烈。一个人要想跟上这样的时代步伐就不应该坚守原来的速度,亦步亦趋地被动追赶,而应该改变方式,主动学习所有先进的东西,使之为我所用,并且能够在最短的时间内学到最具竞争力的知识。这样,你才能够比他人花更少的精力却比他人早一步成功。

    世界上所有成功的根源都是比他人做得更好,并善于在所有的"事情"当中学习成功的经验。在你的成长过程中,每经历一件事情,都给你提供了一次极好的学习机会。

    20世纪90年代初,何敏是一家国有企业的小职员,老实本分,上班来、下班走,工作干得和其他人一样,没有突出贡献,也没有拉大家后腿,但是,有一天却被通知下岗待业。一向文静的她不知道自己究竟得罪了谁,于是,鼓起勇气去问领导自己又没犯错误为什么要被列入下岗之列。领导的答复是,

管理好学习 在主动自发中快乐学习

学习能力决定竞争力

"没犯错误"不是留职的充分条件。在"没犯错误"的基础上还有"表现良好"，在"表现良好"的基础上还有"表现出色"……社会选择的是足够优秀的人，而"不犯错误"的标准太低了，既然有更好的，那么谁愿意放弃黄金而取粗沙呢？社会的竞争说到底不是在选择比较优秀的人，而是在选择最优秀的人。所以，一个不愿意学习的人就不会有任何竞争力，也终会被淘汰。

当你拥有优秀的学习能力时，你就有了足够的竞争力。但是，企业发展的要求与学校里所学知识之间的差距很大，大学里大多只重视基础理论的学习，所以，你一旦进入一个新的工作环境，就应该在这样的环境中继续学习，提高自己的学习能力，增加自己的竞争力。通过各种层次、各种类型的培训来提高自己的理论和技术素质，以适应工作岗位职责的需要，使自己做得更好，这样你不仅能为企业做出应有的贡献，而且也会实现自己的职业发展目标。

张海云毕业后有幸进入一家有名的大型企业，经过层层筛选之后，她成为最后一名被录用者。她知道自己的实力与其他新人、公司的老员工有差距，于是，便主动了解公司的宗旨、企业文化、政策及公司各部门的职能和运作方式，积极参加各种培训。公司内部有许多关于管理技能和商业知识的培训课程，如提高管理水平和沟通技巧、领导技能的培训等，她结合自己个人发展的需要选择要学的专业课程，很快就掌握了业务知识。再加上公司委派了一名经验丰富的经理对她悉心指导，她很快就成了所在部门的业务骨干，不久被提拔为部门主管。和她一起去的新人对此颇有微词，认为她背后搞小聪明。公司领导知道了这个情况之后决定在公司内部搞一个业务能力大比拼，要求所有员工都要参加。结果是，张海云无论哪一项都名列第一，这使所有的人都对她刮目相看。从那之后，她一路高歌，一直坐到总经理的位置上。如今的她在商界声名显赫，没有人再对她的能力有任何怀疑。在一次采访中，一位记者问她这些年感受最深的是什么，她回答说，学习能力就是竞争力。

由此我们不难看出：卓越的学习能力对我们是多么重要。

自我管理箴言

一个想要出人头地的人，在任何环境中都应该学会培养自己的学习能力，增加自己竞争的砝码。青少年今后都会融入社会，在职场打拼，要想奠定坚实的竞争力，那么一定要养成善于学习的习惯，提高自己的学习能力。

学习能使你赢得更多机遇

在不断的成长过程中，学习伴随始终，具有较强的学习能力的人，会在最短的时间内学到自己需要的知识并科学运用这些知识，做自己想做的事，成为自己想成为的人。

大学教育为我们所看重并不是因为它能够给我们镀多少金，而是因为接受过大学教育的人更具有比较完备而清晰的学习能力，更容易在最短的时间内做好自己应该做的事。提高了学习能力，你的价值就可能在最短的时间内体现出来。

林华是一个看似毫不起眼的姑娘，身材瘦小，走在大街上永远都不会有人注意到她。而且，即使是你在大街上看到她，你都会以为她一定是一个中学生，因为她总是穿一件很普通的衣服，肩上背一个大书包。但是，你永远也想不到，这个貌不惊人，谦和而没有一点傲气的女孩子，其实是一家很有名气的外企公司总经理的秘书。更令人难以置信的是，这个只有高中学历的女孩子，每天要面对的是两位不同国籍的总经理：一位是英籍，一位是法籍。她不仅获得了两位总经理的信任，而且有时候这两位经理还很佩服她，遇事反过来征求她的意见。

究竟是什么原因让她具有这样的魅力呢？原来，林华刚踏进公司的时候，所有的人都认为她这样一个只有高中学历的女孩子在公司里不会有什么好的机会，也不会有什么光明的前途，她的学历限制了她。况且她还必须要面对两个不同国籍的外国老总，这样复杂的工作环境即使是一个具有高学历的人也难以应付。但是林华并没有被这样的情况吓倒，她决定向自己的能力挑战。

刚进公司时工作难度是最大的，总经理把她当作是一个只会干杂役的小职员，不停地派些零七八碎的工作给她做，同事们也把她当作一个小孩子。林华为此感到很委屈，暗地里不知流过多少眼泪。但是哭过之后，她还是坚

学习能赢得更多机遇

持做好自己应做的工作，并在工作之余努力学习外语和业务知识，努力缩小自己与他人的差距。除此之外，她一有机会就翻看公司的文件，研究公司的业务，对于自己不认识的法文和英文单词，她总是不厌其烦地翻字典。时间一长，她的外语水平有了很大的提高，而且也逐步掌握了公司的业务。这为她以后进入通畅的良性工作循环状态打下了坚实的基础。

慢慢地，总经理发现这个不起眼的小姑娘工作做得越来越快越好，而且外语水平也在不断地提高，公司里的许多事她一个人就可以搞定。这样的变化让这两位老总吃惊不小。有一次，公司组织了一个产品展销会，总经理有意识地让她去做许多高难度的工作，结果她做得很成功。这让总经理和同事们都大吃一惊。此后，她得到了所有人的信任和赞赏，总经理也不再忽视她的能力，有时很多事还会征求她的意见。

林华就是因为有非凡的学习能力才赢得了老总的信任，得到了大家的一致认可，给自己创造了一种和谐的工作环境。

自我管理箴言

生活中的许多事只有靠我们有意识地去学习才能掌握，才有利于我们的成长。我们需要做一个善于学习的有心人，只有这样才能快速成长，快速适应以后的工作和生活环境。

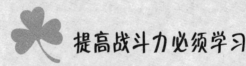
提高战斗力必须学习

一个人的成才与事业成功并不完全取决于文凭与学历，关键在于持续不断地学习与锲而不舍地奋斗。

在生活中，人会常常以千里马自比，偶尔也会用"千里马常有而伯乐不常有"来感叹遇不到慧眼识才的伯乐。诚然，每个人都渴望遇到一个赏识自己的伯乐，但在遇见你的伯乐之前，你首先得把自己变成一匹千里马。否则即使有天有幸遇见伯乐，他也不会对你青睐有加。

　　成吉思汗曾经拥有的那支横扫整个欧亚大陆的千里马马队，其实并非是一支由真正的千里马组成的马队，是由若干普通战马，经过训练组成的一个千里马群。当时每一个士兵都同时有2~4匹普通战马，在行军过程中，战马轮流使用，这样就可以保证整个马队能持续快速地前进，并长期保持旺盛的战斗力。

　　世上没有单一的千里马，却有经过训练的千里马团队。不是随便一匹马都可以被称为千里马，千里马是学习训练的结果。只有经过严格训练的马匹，才能够以极快的速度奔跑，才能够征战沙场，所向无敌。

　　千里马是训练出来的，天才是学出来的。要想成为一匹富有竞争力的千里马，成为社会中的天才型选手就必须时刻学习。有专家分析，农业经济时代只要7~14岁接受教育，就足以应付以后40年工作之需；工业经济时代，求学时间变为5~22岁；而信息技术高度发达的知识经济时代，则要求延长为终身教育。每个人都必须持续不断地学习、创新，方能适应新的时代的发展。

　　比尔·盖茨从小就喜欢阅读，他父亲的藏书总是令他爱不释手。不论是人物传记还是地理经济读物，在丰富知识的同时，也塑造了盖茨良好的品格，为他日后成就事业打下了坚实的基础。事业有成之后，他依然热爱读书，在他的别墅里，有一藏书14万余册的大图书馆。他一直翻看《金融家》杂志来关注世界新闻。现在他一年休几次假，并赋予假日不同的主题，这样就可以更好地利用假期学习。比如，几年前，他去巴西，就把那次假期命名为物理主题假期，度假期间，他阅读了大量的物理书籍。

　　比尔·盖茨曾经说过，即使在科技领域，学习新东西也会带来无穷的乐趣，当想找出我们在不同时期的转变模式到底会把我们导向何方时，就会召集专家讲解有关信息，花两个星期来做"学习周"，阅读专家们提供的材料，然后用最快的速度把它们组织在一起。在人生的每一个成长阶段，他都始终有书陪伴，通过学习不断地提升和充实着自己，让自己的事业蒸蒸日上。始终如一的学习使比尔·盖茨能够紧跟科技和时代的发展，从而使他成立的微软公司在激烈的市场角逐中独占鳌头。

　　比尔·盖茨如此好学，你呢？是不是低估了读书、学习的作用？那么现在就行动起来，主动学习，知识不会偏袒任何人，也不会对任何人吝啬，它向每一个愿意珍惜它的人敞开心胸,关键是你是否把它看作你终身的朋友。

在很多人看来,青岛啤酒的总经理金志国的成功充满传奇色彩。高中毕业后被分配到那里时,他只是一个洗酒瓶子的工人。但是他有一点与别人不同,那就是爱学习。他把别人喝茶、聊天的休息时间都用来学习,而且一直保持着看书的习惯,看书为未来做知识储备。良好的学习习惯,使他在技术理论和操作经验上都比同龄人强。

后来,金志国报考了上海的华东电力学院,学习热工函授课程,继而又考进电大,学习劳动人事管理专业,以知识武装自己。读完大学回到单位后,他就有了更强的竞争力,单位也越来越重视知识型干部,他很快就得到了提拔。

联想集团 CEO 杨元庆有句名言:要有学习精神,这是树的叶子,不断吸收养分,才能变得旺盛。

一个人要想提高战斗力必须学习,没有文化武装的人是不能战胜竞争对手的。古语云:"不积跬步,无以至千里;不积小流,无以成江海。"不通过学习积累就想轻易获得很强的战斗力,打开成功的大门是不可能的。

自我管理箴言

> 马云说,博士学位拿到了,只是生活考试的开始。像马云、俞敏洪、任正非之类拥有高学历的成功人士,不论工作多忙都会固定地抽出时间看书学习,时刻留意在工作或者生活的过程中获得学习和提升。

做个虚心学习的人

学习使人进步,任何人都不能否认它的正确性。做个虚心学习的人,才能使自己在社会上立稳脚跟。只要我们寻找,生活中到处都有学问,每个人都有值得你学习的地方。

无论你有多大能力，你在学习上、工作上是多么的杰出，假如你还继续沉浸在以往的成功自满中，你的"学习"就会受到阻碍。如果你没有终生学习的准备，持续地学习各个领域的新知识以培养自己的创造力，你最终会失去生存能力。这是因为，目前的社会是不会善待没有学习意愿的人的。

有个年轻人在河边钓鱼，看很多人都在一个地方钓，觉得那个地方应该有很多鱼才对。在他旁边坐着一位老人，也在钓鱼，两人相距并不远。这个年轻人钓了半天，也没钓上一条鱼。而那个老人却不停地有鱼上钩。一天下来，年轻人没有丝毫收获。

天黑了，那位老人要走了，年轻人终于沉不住气问他："我们两人的钓具是一样的，钓饵也都是蚯蚓，钓鱼的地点也相距不远，为何您钓到这么多鱼，我却一无所获呢？"

老人笑着说道："年轻人，这你就要好好地学习学习了。在我钓鱼的时候，只感觉到我自己，连鱼都不知道。我不会动手，眼睛也不眨，连心跳都几乎感觉不到，这样鱼同样也不会感到我的存在，因此，它们会咬我的钩。

做个虚心学习的人

而你在钓鱼的时候，心里却不平静，只想着鱼赶紧吃你的饵，眼睛就盯着鱼漂，只要一有点晃动，你就要提钩，鱼肯定会让你吓跑的。你说你怎么能钓到鱼呢？"

这位年轻人知道了自己的不足，第二天钓鱼的时候就尽力稳住自己的情绪，果然大有收获。虽然还是没有那个老人钓的鱼多，但比起第一天来实在可以说是大丰收。

我们每个人都应该和这位年轻人一样，虚心地向自己身边的有才能之士学习，一个人知道了自己的短处，才能改进自己，才能胜券在握。每个人身上，都有值得你学习的地方。

一个人的力量总是渺小的，所掌握的知识也很有限。你的身边总会有在某些方面比你强的人，你总会遇到他们懂而你不懂的事，所以你就要向他们学习。

只有养成向他人学习、取人长补己短的好习惯，才能充分发挥自身优势，利用他人的优势来弥补自己的不足，才能取得更多的成就。向别人学习，学习别人的长处，来弥补自己的不足，这就是最直接、最简单的完善自己的方法。一个习惯了解、观察他人的人，会比其他人学到更多的实际经验，为自己的成功赢得更多的机会。

学习是多方面的，尤其在学习社会经验时，千万不能小视了解与观察的作用。无论是学习书本上的知识还是学习社会经验，都要养成善于了解、精于观察的好习惯，这样才能更快、更好地学到知识，才能以最快的速度使自己成长起来。

松下幸之助是日本著名的企业家。他在刚刚做生意时，几乎什么都不懂。例如，开发了一件新产品，往往不知道该定价多少？

他认为定价多少，去询问常与消费者接触的零售商是最好的办法。

他常常带着新产品跑到零售商那里去求教："像这样的产品可以卖多少钱？"他们会坦诚地告诉松下幸之助产品合适的价格，照着零售商的话去做都没有出过错。而且那样做不必付学费，也不用伤脑筋，没有比这更划算的了。

当然，不是什么事情都这样简单，但这是最基本的原则。能虚心接受他人的意见，能虚心去求教他人，才能够集思广益，这比你独自摸索要少出很多错。如果你能培养这种"虚心"，并能虚心接受他人的意见，虚心向他人学习，你就离成功不远了。

如果整日与一些失败者为伍，原本一个对生活和前途充满信心的人也会变得越来越悲观失望。如果一个人总是与一些成功者接触，那么他一定会学习到成功者所必须具备的素质。

学习成功者优秀的生产和管理经验，取他人之长来补己之短，最终会从中找到取得成功的方法。所以，向身边的成功者、优秀者靠拢，以成功者、优秀者为榜样，向他们学习，那么你也会变成一个成功者和优秀者。

有句话说，最了解你的人不是你自己，也不是你的朋友，而是你的对手。

一个人在奋斗的过程中，总会遇到许多已知和未知的对手。正是因为这些对手的竞争，才使我们变得坚强，变得自信，变得充满活力。

自我管理箴言

拥有开放的心态，才能认识自己的不足，看到别人的长处。向他人学习和借鉴从而完善自我，这是每个人一生都应该做的事情，这样才会使自己更完美、更成功。

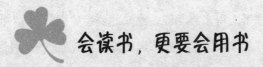

会读书，更要会用书

古人言：尽信书则不如无书。学习书本知识是求知的一种途径，但只抓书本而没有真正的实践，你就抓不住机会。只有实践才会产生结果，实践是成功的保证。任何伟大的目标，伟大的计划，最终必然要落实在实践中。

青少年自我管理"胜"经系列

到大自然中去体会实践的乐趣

陆游有云:"纸上得来终觉浅,绝知此要事要躬行。""纸上得来"的知识是书本上的,"绝知此事"是要认识把握事物的本质,"躬行"是要亲自去实践。坚持不懈、持之以恒地学习知识虽然很重要,但仅仅学习书本上的知识还是不够的,它是不是能与现实社会相结合,还需要用实践去检验。不仅懂得书本上的知识,还需要有实践经验,这样才能算是完整的人。我们要养成起在实践中学习和在学习中实践的好习惯,因为实践是和读书一样重要的学习方式和途径。

X射线的发现者伦琴指出,实验是能使我们揭开自然界奥秘的最有力最可靠的手段,也是判断假说应当保留还是放弃的最后鉴定。

诺贝尔物理学奖得主丁肇中也说过，一个理论无论它多么高明、合乎逻辑，若无法由实验加以印证，终究是毫无意义的。实验与理论交互影响的结果，必然促进科学的进步。

培根一直认为应将书本的知识与实践经验结合在一起。他说，学问虽然能引领你前进，但是总是简单，只有依赖你的经验才能牢固起来。为了便于人们理解，他又说，狡诈者轻鄙学问，愚鲁者羡慕学问，聪明者则运用学问。知识本身不会告诉我们如何使用它，在书本之外才能运用智慧。这是一项技艺，如果你不体验它就不会理解它。

许多国家近年国运衰落，有很多原因，下面也是原因之一，培养出来的学生是与现实生活脱节的空想派知识分子，他们所拥有的仅是一些统计数字和一些被过滤的资料。有些教授，手上拿着的甚至是用了二三十年的讲义，随便进行一番修饰以后，就在新的学期派上用场。有一位留学生，读了10多年书后，终于获得了一个博士学位，硬着头皮出外工作，才发现自己都已是30多岁的人了，除了识字、打字以外，竟没有一点专长。

对于那些不知道学习要联系实际的人来说，确实应该好好地反省一下。大学，这个一生之中最富了有挑战性、最勇敢的年龄段，一些本来很有前途的年轻人，却在图书馆里死读书，结果都成了只会纸上谈兵的书呆子；而有些人则相反，一边读书，一边抓紧时间在实际生活中锻炼。这就是人与人之间的差别。

会读书的人不是盲目地崇拜书中之言，他们会将书本知识与实际相结合，这样就不会把书读死了，不会成为一个地道的书呆子。他们的思想立足于现实，与实际密切地联系，对书分析批判地阅读，取其精华去其糟粕，并对所读之书有所发现、有所应用。很显然，这样的读书方法是最好的读书方法，也是攀登治学高峰的一条"捷径"。你在学习中需要解决的难题应成为你读书研究的突破口。如果你不善于抓住实际的课题，就等于失去了很多较容易做出开创性成绩的机会。

随着社会的发展，我国的各种专业性的或综合性的博览会明显增加，水平也逐渐提高。譬如说，中国珠海举办的国际航空博览会，就融航空技术贸易、飞机展览、航空知识和飞行表演于一体，让参观者了解很多航空科技信息。此外，中国也出现了很多机床展览、电子产品展览、汽车展览等，还有越来越多的大学生科技发明成果展览。你可以通过参观展览，掌握科技信息，开拓科技思路。

 自我管理箴言

> 青少年一定要学会利用目前世界上最先进的信息技术成果，在学习过程中学会运用各种手段，获取你所希望得到的真知灼见。要会读书，更要会用书。

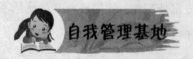 自我管理基地

学习动机检测

所谓学习动机，是指直接推动学生进行学习的一种内部动力。有人认为，学生的学习动机有以下几项主要内容：①对知识价值的认识（知识价值观）。它反映了学生对学习内容是否有用的看法。②对学习的直接兴趣（学习兴趣）。它促使学生积极主动地参加学习活动，从而满足内心对知识的渴求，同时伴随着积极的情绪体验。③对自身学习能力的认识（学习能力感）。就是学生在学习上的自信心，它影响学生参加学习活动的坚持性，激发、维持向困难挑战的精神和达到学习目标的耐力。

1. 做题

对下列题目做出是否的回答。

（1）如果别人不督促我，我极少主动地学习。

（2）当我读书时，需要很长时间才能提起精神来。

（3）我一读书就觉得疲劳与厌烦，只想睡觉。

（4）除了老师指定的作业外，我不想多看书。

（5）如果有不懂的地方，我根本不想弄懂它。

（6）我常想自己不用花太多的时间来学习，成绩也能超过别人。

（7）我迫切希望自己在短时间内大幅度提高自己的学习成绩。

（8）我常为短时间内成绩没能提高而烦恼不已。

（9）为了及时完成某项作业，我宁愿废寝忘食，通宵达旦。

（10）为了学好功课，我放弃了许多感兴趣的活动，如体育锻炼、看电影与郊游等。

（11）我觉得读书没有意思，想去找个工作做。

（12）我常认为课本上的基础知识没啥好学的，只有高深的理论，读长篇作品才带劲。

（13）只在我喜欢的科目上狠下功夫，而对不喜欢的科目放任自流。

（14）我花在课外读物上的时间比花在教科书上的时间要多得多。

（15）我把自己的时间平均分配在各科上。

（16）我给自己定下的学习目标，多数因做不到而不得不放弃。

（17）我几乎毫不费力就能实现自己的学习目标。

（18）我总是同时为实现几个学习目标忙得焦头烂额。

（19）为了完成每天的学习任务，我已经感到力不从心了。

（20）为了实现一个大目标，我不再给自己制定循序渐进的小目标。

2. 结果分析

上述 20 个题目可以分为 4 组，它们分别测查学生在学习欲望上 4 个方面的困扰程度：（1）～（5）题测查学习动机是不是太弱。（6）～（10）题测查学习动机是不是太强。 （11）～（15）题测查学习兴趣是否存在困扰。（6）～（20）题测查学习目标是否存在困扰。

是记1分，选否记0分，统计总分。

0~5分：学习动机上有少许问题，必要时可调整。

6~13分：学习动机上有一定问题和困扰，可调整。

14~20分：学习动机上有严重问题和困扰，须调整。

第二章　明确学习目标
——用目标为学习导航

古人说："凡事预则立，不预则废。"相同的目标，有计划和没有计划的效果是完全不同的。一样的比赛目标，一个有计划的参赛者能轻松完成并夺冠，智力相同的两个学生有无学习计划，直接影响到学习效果。所以，学习要有目标，更要有计划。

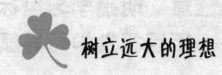

树立远大的理想

苏格拉底说:"世界上最快乐的事,莫过于为理想而奋斗。"理想是人生的指明灯,是我们不断进取的动力。有了远大的理想,我们就会朝着这个目标努力迈进,就会自发地学习,而且乐于学习,这样就不会出现厌学的情绪。

假如人生就像是在海中航行,那么理想就是舵手的指南针,使一个人能够在暴风雨中掌握正确的行进方向。理想可以塑造一个人的信念,拥有自己的目标,让它为你导航,指引你走向成功。因此,青少年一定要记住,理想是迈向成功的第一步。

做人要有远大的理想,这是人生的真谛,也是走向成功的第一步。因为只有树立了崇高的理想,远大的抱负,你才有可能成就伟大的事业。古今中外名人的成功事例,无不说明了这一点。理想是催人进步的动力机,源源不断地供给人奋斗的力量。可以说,理想一旦确定了,你就成功了一半,这就

青少年要树立远大的理想

好像要远航的帆船有了宽大结实的风帆，不管途中风再大浪再高，只要坚持心中不灭的信念，它总会带领你驶向成功的彼岸！有翅膀的鸟儿不一定能飞，但没有翅膀的鸟儿就注定以地为归宿。理想为成功展开了一双翅膀，让我们可以展翅高飞，尽情翱翔，寻找属于自己的那片蓝天！

美好的理想是人们对未来的一种美好憧憬，对明天的一种良好愿望，是未来前途中支持你的动力。理想不同于幻想，理想一般都基于一定的事实依据，它催人奋进，给人以动力。只要经过奋斗，就有可能实现；而幻想则是一种"不着边界的胡思乱想"，它使人脱离生活，脱离实际，浪费时间，自然于事无益。

青少年应该努力成为一个有丰富情感的人，一个热爱生活的人，一个勇于面对挑战的人，一个不随波逐流的人，更要成为一个有目标、有理想的有为青年！

下面是一些树立远大理想的方法：

（1）强烈的实现愿望。强烈的愿望是人类一切活动的原动力。愿望越强烈，人就越愿意为之行动。

（2）目标必须是明确的，可实施的，可量化的。只有具体的可衡量的明确目标才可能实现，否则只是无意义的美好愿望而已。

（3）将目标铭记在心。将目标写出来，你的思维会产生强烈而深刻的印象，会告诉你的潜意识：这是真的，一定能实现。

（4）实现目标的原因。实现这个目标的理由、价值和意义，理由越有价值越好。这样有助于认识目标的必要性和重要性，从而增加实现目标的使命感，获得内源驱动力。

（5）规定实现目标的期限。没有时间坐标的目标，等于没目标，就永远无法实现。期限是衡量目标进度的日程表，是激发你向目标前进的动力源泉。

（6）分析你的起点坐标。分析起始点，就是弄清现在所处的环境和现状。没有起始点，就无法规划自己的航程；即使有地图和指南针，仍然会不知方向，

（7）确认实现目标的阻碍，并依难易度设定优先顺序，轻重缓急。人活着是为了获得幸福，而痛苦却伴随一生。确认阻碍，是为了有备无患。同时要记住：阻碍是考验我们的问题，但不能阻碍我们的前进。每前进一步都会

有阻碍，实现目标的过程，就是克服阻碍的过程。

（8）确认达到目标所需的知识与能力。实现目标的过程，是知识结构和能力结构不断完善提升的过程

（9）思考对实现目标有帮助的人和团体。实现目标虽由个人实施，同时也要得到他人、组织和环境的支持。

（10）找出克服阻碍的方法。对关键性阻碍应找出若干个解决方案，每个阻碍都有克服的办法。

自我管理箴言

    迎着灿烂的阳光就此启程，踏上一条寻找成功的路吧！有梦想才会成功！为了梦想，努力拼搏吧！爱拼才会赢。请相信，成功终将属于你！

 ## 目标是前进的"指南针"

    人生有了目标，生活就会变得充实，变得有目的，有追求，一切似乎清晰、明朗地摆在你的面前。什么是应当去做的，什么是不应当去做的，为什么而做，为谁而做，所有的问题都是那么明白而清晰。

    德国法兰克福的钳工汉斯·季默，从小便迷上了音乐，他的心中有一个人生目标——当音乐大师。买不起昂贵的钢琴，他就自己用纸板制成模拟黑白键盘，他练贝多芬的《命运交响曲》把十指都磨出了老茧。后来，他用作曲挣来的稿费买了架钢琴，有了钢琴的他如虎添翼，最后成了好莱坞电影音乐的主创人员。

    他在作曲时常忘记与恋人的约会，结果许多女孩骂他是"白痴"、"神经

冲刺人生目标

病"。婚后，他帮妻子蒸的饭经常变成"红烧大米"。有一次，他煮面时边煮边用粉笔在地板上写曲谱，结果把面条煮成了粥。不论走路或乘地铁，他总忘不了在本子上记下即兴的乐谱，当作创作新曲的素材。甚至从梦中醒来，他都会打着手电筒写曲谱。

汉斯·季默终于凭闻名于世的动画片《狮子王》荣获第67届奥斯卡金像奖最佳原创配乐奖，颁奖那天正是他37岁的生日。

我们常羡慕那些成功人士所获得的鲜花、掌声，却不知这些成功者背后的艰辛。

山田是一位拥有出色业绩的推销员，可是他一直都希望能成为公司业绩最高者。他认为"如果让愿望更加明确，就会有实现的一天"，于是开始设定自己希望的总业绩，然后再逐渐增加，这里提高5%，那里提高10%，结果顾客增加了20%，甚至更高。这激发了山田的热情，从此他不论在什么情况下，做任何交易，都会定一个明确的数字作为目标，并在一两个月

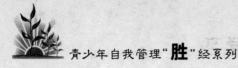

内完成。

"我觉得，目标越是明确越感到自己对达到目标有股强烈的自信与决心。"山田说。他的计划里包括"我想得到的地位、我想得到的收入、我想具有的能力"，然后，他把所有的访问都准备得很充分，相关的知识加上多方面的努力，在当年的年终，他取得了最佳业绩。

他为自己的成功做了一个结论："以前，我不是不曾考虑过要扩展业绩，提升自己的工作成就，但对于自己的这些想法从来没有付诸行动，所有的愿望理所当然地落空了。自从我设立了明确目标，以及为了切实实现目标而设定具体的数字和期限后，我才真正感觉到，强大的推动力正在鞭策我去实现它。"

一位名人说过，你必须首先确定自己想干什么，然后才能达到自己确定的目标。所以只有确定了目标才会使你胸怀远大的抱负，才会在你失败时给予你再去尝试的勇气，也只有目标才会使理想中的你与现实中的你相统一。

做任何事情，都要为自己确立一个目标。而目标就是自己心灵的觉醒，只要你有足够的勇气和明确的目标，就可以成为一个十分优秀的人。

成功者与平庸者并没有太大的差别，只是成功者始终有一个明确的目标和清晰的方向，并且自信心十足，勇往直前；而平庸者却是终日浑浑噩噩，优柔寡断，迈不开决定性的一步。

美国前总统罗斯福的夫人在年轻时从本宁顿学院毕业后，想在电信业找一份工作，她的父亲就介绍她去拜访当时美国无线电公司的董事长萨尔洛夫将军。萨尔洛夫将军非常热情地接待了她，随后问道："你想在这里干哪份工作呢？""随便。"她答道。"我们这里没有叫'随便'的工作"，将军非常严肃地说道："成功的道路是由目标铺成的！"

只有有了明确的奋斗目标，才会有前进的动力。目标不仅是奋斗的方向，更是对自己的鞭策。有了目标，就有了热情，有了积极性，有了使命感和成就感。没有目标，就没有奋斗的方向，就活得毫无生气。准确地把握好自己的喜好和追求，是走向成功的第一步！许多人怀着羡慕、嫉妒的心情看待那些取得成功的人，总认为他们取得成功的原因是有外力相助，于是感叹自己运气不好。殊不知，确立明确的目标才是成功者取得成功的奥秘。

　　人生没有确立明确的目标，就会像一艘失去方向随风漂荡的小舟。但凡确立了目标的人，在与人竞争时，就等于已经赢了一半。确立目标是成功的起点。要想取得成功首先必须认识到"确立目标"的重要性。

　　美国财务顾问协会的前总裁刘易斯·沃克曾接受一位记者采访，要他谈有关稳健投资计划的基础问题。他们聊了一会儿后，记者问道："到底是什么因素使人无法成功？"沃克回答："模糊不清的目标。"记者请沃克进一步解释。他说："我在几分钟前就问你，你的目标是什么？你说希望有一天可以拥有一栋山上的小屋，这就是一个模糊不清的目标。问题就在有一天不够明确，因为不够明确，成功的机会也就不大。"

　　"无法决定"是人生最大的遗憾之一。因为，"无法决定"的背后是对"成功目标"缺乏信心，它将扼杀人的希望、自信、进取精神和未来成就。一旦你陷入犹豫不决、彷徨无助的境地时，便无法胸有成竹地向一个明确的目标迈进。

　　目标要靠自己确定。只有你自己才明白你的特长和潜力所在，才最明白什么样的目标才会让你永久沉迷——沉迷是迈向成功的重要心理保证。

　　大多数人都是在没有明确目标或明确计划的情况下，完成了教育，找一个工作，或开始涉足某一个行业。但仍有许多人还如无头苍蝇般到处乱撞，找不到合适的工作。因为他们从来就没有明确过人生的目标，所以到了"而立"之年乃至"不惑"之年，还在为找不到合适的工作而苦恼，人生始终处于失败状态。

　　比如说，你真的希望在山上买一间小屋，你就必须先找出那座山，找出你想要的小屋现值，然后考虑通货膨胀，算出5年后这栋房子值多少钱。接着你必须决定，为了达到这个目标每个月存多少钱。如果你真的这么做，你可能在不久的将来就会拥有一栋山上的小屋。但如果你只是说说，梦想就不可能实现。梦想是愉快的，但没有付诸实际行动的模糊梦想，则只是妄想而已。为了明白目标的重要性，我们可以这样假设一场生死攸关的篮球冠军争夺战中的一个场景：

　　一支出色的篮球队刚刚做完赛前热身运动，返回到更衣室，教练面授行动前最后的"机宜"，下达最后的指示："队友们！这将是我们的最后一战，成败就在此一举，我们要么会青史留名，要么一败涂地，结果就取决于今晚！没有人会记得第二名！整个赛季的成败就在今晚！"

教练的话使所有队员激动澎湃热血沸腾，一个个像被打足气的皮球。然而当他们冲出门跑向球场时，几乎要把大门从框上扯下来。可当他们来到球场上却发现球篮不见了。

没有球篮，他们就没法投篮，就无法比赛，就无法知道他们的球是否命中，是否能赢对手。你是否也在打一场没有球篮的比赛？如果是这样，你的得分是多少。

 自我管理箴言

心中有了明确的目标，就像在大海中航行的人有了指南针，指引着你乘风破浪，勇往直前，风挡不了，浪阻不住。

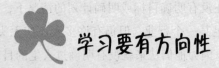 # 学习要有方向性

"对一艘盲目航行的船来说，任何方向的风都是逆风。"这是英国的一句谚语。因为前方道路明确，策马可以奔腾；因为追捕猎物，雄鹰展翅飞翔；因为心中有目标，人们才会努力成就自己。因为有目标，所以我们在学习过程中才不会频繁更改，不会随波逐流、人云亦云地放弃原来的方向。因为有目标，我们在学习过程中才能持之以恒。因为有目标，我们才能在学习过程中拥有强大的精神动力，在实现目标、超越目标和确立新的目标的循环中取得一次又一次进步。

50多年前，在英国牛津市的一所小学校里，有一个学习很差的学生，在班里的成绩排名经常是倒数第一，不管是拉丁文、数学、法语，他总是只得3

学习要有方向性

分。谁也没有想到，50多年后，他会站在诺贝尔奖颁奖大厅里，领取2001年的诺贝尔生理学或医学奖。他曾笑着说："小时候分数差，不必自卑，它不能决定一个人的一生。"

这个人就是英国生物学家蒂莫希·亨特。他因1982年发现了在细胞分裂过程中对细胞分裂周期起控制作用的一种蛋白，而荣获2001年诺贝尔生理学或医学奖，据说他的研究对人类最终攻克癌症难关将起到很大的作用。

一个小时候成绩很差的学生，为什么最终能成为一名成绩卓著的科学家呢？许多人都想知道其中的奥秘。用亨特博士自己的话来说，就是："我清楚自己喜欢什么，适合什么。"

亨特成长于牛津大学的校园中。牛津大学具有良好的科普环境，经常组织一些科普讲座，任何人都可以去听，亨特就是那里的常客。生物系为了纪念达尔文进化论发表100周年，组织了各式各样的讲座，有物种起源的讲解，也有讲人体新陈代谢的。亨特被这些讲座深深地迷住了，他认为生物体实在是太美妙了。因为沉迷于生物学，亨特就出现了明显的偏科。在班里他的生物课成绩是最优秀的。因为偏科的原因，他的拉丁语较差，数学也是一团糟。

虽说偏科不好，但却使亨特"因祸得福"。他的偏科并不和一般人理解的偏科不一样，他不会因为讨厌这门课就不好好学，或者是放弃它，他是顺其自然地学习，并没有在哪门功课上下特别的功夫。正是因为这样，他才清楚自己真正喜欢的是什么，什么适合自己。例如，他上中学的时候就已经清楚自己并不适合搞数学和物理，他曾经自我解嘲道："我 11 岁的时候就成了拉丁文差的生物学家。"

在就读剑桥大学生物化学系的时候，亨特就埋头攻读自己最喜欢的专业，彻底地沉迷了。剑桥大学里的很多学生甚至不清楚自己适合干什么，能够干什么，所以一直徘徊在犹豫和迷惘中。但是亨特因为目标坚定从没质疑过自己的梦想。

亨特自己很清楚，无论是谁，只要他不知道自己最适合做什么，别人往往也不会指点他。如果一个学生的某一学科成绩不好，其他人出于好心，会时常鼓励他"加把劲儿，你也能行"。事实上，人各有长处，每一个人都有自己的爱好，也会有适合自己做的事情，如果明白这一点，人才能最大限度地发掘自己的潜力，才可以成就一番事业。

但是现在很多年轻人的确不知道自己的长处和短处，更不知道自己以后会适合做什么，对此亨特说："那你尝试着做各种各样的事情，不要只在教室里埋头读书，应该在广泛的活动中试图寻找自己的喜好和特长。"

👆 自我管理箴言

现在的课程名目繁多，很多学生都是盲目地跟着课本走，而不知道自己的兴趣在哪里，目标是什么。其实学习首先要认清自己喜欢什么，定好目标。有了方向和计划，就能按步骤一步一步地前进了。就像航行在黑夜里的船，只要一直朝着灯塔指引的方向前进，最后总能靠岸。

成为优秀学子要有目标

学习之于人生也是一种追求，应学会那种一往无前的努力，感受其中的奥妙与魅力。

在英国伦敦有位叫斯尔曼的年轻人患有严重的腿疾，他父母的职业都是登山。虽有腿疾但他向往登山生活。他的父母临终前希望斯尔曼继续他们未竟的事业，去攀登那些世上他们所未涉足的高峰。身患残疾的斯尔曼将父母的希冀当作毕生的目标，并毅然决然地决定去实现它。他凭借顽强的意志，坚持不懈地磨炼自己的身心，迫使自己去适应艰苦的环境，最终凭借超人的毅力，战胜了自身的残疾，于28岁时登上了父母遗嘱中为其开列的，包括世界屋脊珠穆朗玛峰在内的世界高峰。

在斯尔曼攀登完最后一座高峰后，全球媒体和热心公众盛赞他身残志坚，勇于挑战极限，并且热切地期望他能够再创新纪录。但他在公寓里却选择了自杀。

为此，人们纷纷表示不解，在他的遗书中人们找到了答案，他写出了自己的心声：我的眼前至此已经没有什么高峰可再攀登，以后也不会再有，我感到前所未有的绝望……

由此可以看出，人如果没有奋斗目标，就会没有前进的方向，会陷入迷惘的泥淖中不可自拔，努力也就失去了意义。但重要的是，到达成功的彼岸，并不是奋斗的终结，而是要重新寻找和确定下一个目标。如若不然，你就会像斯尔曼一样陷入迷茫空虚中不可自拔。仅仅认识到这一点还不够，怎样才能事事顺利，成功实现心中的目标呢？下面我要讲的这个故事，可以给我们以启迪。

有这么一位世界著名的马拉松运动员，多年来一直保持着该项目的最佳纪录。人们询问其成功的秘诀，他微微一笑："除了我自身的先天条件外，我有这样一个训练方法：就是心中不要老想着万米终点那个大目标，而是按途中建筑物将线路分割成若干小目标，陆续向每个小目标冲刺，不断的成功感就会不断地激发着我的冲力、勇气和信心，最后……

现在，很多学生都在学习中面临着一些困难，而如果你问他们有什么学习目标的话，很多人都只会给你一个否定的答案。如果你问他们将来想做什么事业，成为怎样的人，通常也是同样的回答，或者说"随便"。

可以说，学习目标是学习活动最基本的出发点，也是学生最应该考虑的问题。要认识目标的作用、了解学习目标怎样才可能实现，首先来看下面这个实例：

某所著名的中学，有个叫郝帅的男同学，他的父母都是教师，平时非常重视对他进行人生引导。4岁的时候，他开始跟电台学英语，慢慢地希望以后进当地最好的中学，然后再读大学英语专业，做翻译。

因为目标非常明确，兴趣也很浓，所以他每日学习很认真，跟学之后都有认真复习，而且上小学后（当时小学无英语课）也未中断。英语学习的成功让他把这种学习态度也用到其他科目，小学毕业时名列全区第一被当地最好的初中录取。在班上，他各科成绩都不错，英语更是遥遥领先。但是，非常不幸，初三下学期他得了肝炎，在家静养两个月。病愈返校后的一天早自习，老师发现他两眼通红，一问起来他竟掉下眼泪。原来父母怕他学习成绩跟不上，考当地最好的高中没希望，让他重读初三。他不愿意，并且告诉老师，在家时每天仍看书自学，还托同学把老师布置的作业抄给他，自己做，只是怕父母生气，都是等他们上班后做的。对于一个学习目标这么明确的学生，老师坚决支持，并出面说服了他的父母。他的努力结果让所有的人都大吃一惊，他顺利考上了理想的高中。三年后，又以当地文科状元进入一所著名的大学的英语系。毕业时因成绩优异被国家对外经济贸易部挑走，现在几乎走遍了英语国家，还多次在联合国有关会议上负责翻译工作，非常出色。

从郝帅的事例中，我们可以感受到学习目标的重要性。

从目标取向看，目标对学生影响较大的主要有两种："掌握学习目标取向"（指学习者将知识学习和能力提高作为学习目标）和"成绩目标取向"（指对学习结果更感兴趣，常常把成绩和排名看得更重要，而对能否获得知识和增强能力并不关心）中，显然，"掌握学习目标取向"，才是学习的真谛，也是现在新课程要求的。当然，我国现行的升学制度，影响大量学生和家长偏向于"成绩目标取向"。从郝帅的情况看，这两类学习目标取向是互有一定的包容性的。

从目标内容特征看，应在实事求是地分析自身知识经验水平上定目标，且目标要具体化并有适当的难度。郝帅就是能够正确地认识自己的学业状况，才能为了中期目标的实现，有效地完善自己。

此外，还可以掌握一些操作技术以训练提高学习目标策略的效能：

（1）使目标具体化。比如学生可以通过制订具体的复习计划（最好能具体到时间、内容、要求），便于复习后自我检查效率。

（2）视觉冲击法。具体来讲，就是尽可能地在自己的脑海中描绘实现目标之后的宏伟蓝图；或者是把报纸、杂志上和自己的目标有关的图片等资料剪贴在床头或者显眼的墙上，在看的同时想象拥有后的美妙。

（3）制作相关的"目标宣言"。把自己的学习目标以及决心告诉家人、朋友或同学，还可以用简洁的文字书写出来，张贴在自己能够经常看到的地方。

（4）直接目标法。也就是在某一阶段内，集中自己的精力解决目标要求掌握的主题、关键，其他的事情可以先放后。比如，在复习的过程中，通常会暂时直接攻克存在的知识弱项以及关键知识点。这些方法都会有效调动自身意识和潜意识两方面的综合作用，发挥大脑的整体功能，为学习提供良好的心理资源。

同时要注意，学习目标与人生目标不同，它比较具体，可以在短时间内实现。它可以使我们比较容易地享受成功的欢乐，增加我们的信心。

自我管理箴言

目标学习法也是成功教育的主要策略之一。实现学习目标也是实现人生目标的开始，只有使大小、远近目标有机结合，才会避免一些无效劳动的发生。

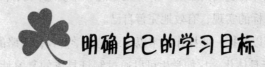

明确自己的学习目标

　　所谓目标，是指一个人想要达到的标准或境地，根据活动的类型或目标的性质不同，它有学习目标、工作目标、生活目标和事业发展目标。在学习中，有一个清晰的目标，并为实现这个目标而学习的时候，学习就不再是讨厌的、与自己的人生无关的负担了。这时，你的学习就成了有趣的、能够决定自己命运的最紧要的事。只有这样，学习才是主动、自觉的，而不是被动、机械的。

　　也许有些学生说："我有理想、有目标：我想取得好成绩；我想考上名牌大学；我想成为校篮球队的队员；我想以后赚很多很多钱；我想成为歌星；我想周游世界……可我有时还是觉得空虚，不知道该干什么好。"出现这种情况并不奇怪，因为他们对目标的认识太混乱，太模糊，以至于所谓的目标无法正确指导其行动。

　　设定目标之后，还要将目标分解成阶段性目标。通常情况下，以预计实现目标要花费的时间长短为标准，行动目标可分为短期、中期和长期三种目标：

　　（1）短期目标。对于以学习为主要任务的学生来说，可以是一个学年、一年学期、一个月乃至一个星期。短期目标应该具体而实际。比如，这一学年末争取将英语考试成绩从75分提高到80分；暑假多锻炼，减肥2千克；这个月要将名著《水浒传》看完；每个星期记单词80个；等等。

　　（2）中期目标。中期目标比短期目标的实现需花更长的时间。如果设定的短期目标需要一个月来实现，那么中期目标就可以是一个学期或一年，具体视实际情况而定。比如，"一年要记5000个单词"相对于"每个星期记80

目标就是人生的希望

个单词"而言就是中期目标了。

（3）长期、全面的目标。在两三年或更长的时间里，你想要达到什么程度，或做什么。

确定短期目标，是为了解决眼前的问题，但只有一个一个的短期目标，而没有中期或长期目标，人生的路就会走得歪歪扭扭，不知最终目标在哪里，从而因为小目标实现后没有大目标继续引导自己，使人生失去方向，失去动力。在学习上的表现，则不是表现为自满就是对继续学习的厌倦。因此，我们除了要确立短期和中期的目标，还应该树立远大的理想，确定自己人生的长期目标。

我们在制订学习目标时，有以下几个需要遵循的原则：

（1）明确性。比如，一个人在青少年时期确定了要做一个艺术家的目标，这样的目标就不是很明确。因为艺术的门类很多，究竟要做哪个领域的艺术家，确定目标的人并不是很清楚，因而也就难以把握。目标不明确，行动起来也就有很大的盲目性，就有可能浪费时间和耽误前程。

（2）适切性。所谓适切性，是指目标的设立要适当，要切合自身的实际情况，忌好高骛远。因为一旦目标实现不了，人就会因此而产生挫败感，从而打击个人的自信，丧失继续努力奋斗的决心。

（3）专一性。生活中有一些青少年之所以没有什么成就，原因之一就是经常确立目标，经常变换目标，所谓"常立志者"就是这样。一个青少年在某一个时期一般只能确立一个主要目标，目标过多，会使人无所适从。

（4）挑战性。一个真正的目标必定充满挑战性，正因为它具有挑战性，又是由你自己所选择的，所以你一定会积极地完成它。

人只要还在成长着，就必须不断地从一个目标走向一个目标，没有了明确的目标，你的成长和进步就会停滞。重要的问题不在于你原先在哪里，现在在哪里，而在于现在要向何处去，在于你的目标是什么。

自我管理箴言

> 确立了奋斗目标，你的上进心才会被激发起来，才会去积极主动地学习，进而实现你的理想。

制订一份合适的学习计划

长期按计划办事，学习和生活都会很有规律，逐渐形成"条件反射"。从而，该学习时能安心学习，玩的时候能开心地玩。到时候，就不必为不起床、睡不睡觉、学不学习再付出意志上的努力了。学习、生活完全达到了"自动"的境界：不起床睡不着了，不睡觉就困了，不学习就好像缺了点儿什么似的，觉得浑身不自在。

学习计划按照时间划分，可分为长期计划与短期计划。长期计划主要指一个学期、一个学年的计划，一般以一学期为宜。短期计划主要指月计划、周计划和每天的计划，做出这样的计划，可以使自己更好地掌握学过的东西。

要说学习计划，相信很多同学都制订过。但制订归制订，若说真正能贯彻执行和坚持下去的，恐怕为数就不多。常常有学生这样说："订了也白订，到时候总坚持不下来。""计划赶不上变化。本来计划得好好的，突然来个什么事就全泡汤了……"我们要想制订一份合适的学习计划，需要注意哪些问题呢？

1. 从实际出发，实事求是地制订计划

比如，在这个月的学习中要接受和"消化"多少知识？要着重培养哪些能力？自己在学习上欠了哪些"债"？在某一阶段的学习计划中可以偿还多少"欠债"？要正确评价自己所处在阶段，有针对性地制订学习计划。

2. 长期计划与短期安排相结合

一份学习计划，如果只有长期计划，却没有短期计划，目标是很难达到的。长期计划是明确学习目标和进行大致安排；而短期计划则是具体的行动计划。所以，两者缺一不可。普希金曾说："要完全控制一天的时间，因为脑

学习要有计划

力劳动是离不开秩序的。"针对自身特点，做出切合实际的安排，以清楚地知道在一天、一周内要做什么事情，使自己有条不紊地学习。

3. 内容丰富多彩

要想真正完成学习计划，在考虑计划的时候，一定要对自己的学习、生活做出全面的安排。应包括社会工作时间、为集体服务时间、锻炼时间、睡眠时间及娱乐活动时间等。如果一份学习计划只考虑三件事——吃饭、睡觉和学习，会使生活单调、乏味，久而久之会容易使人疲劳，既影响学习效果，也影响全面发展。

4. 安排留有余地

要好好考虑自己订的计划的可行性。把几本书全背上几十遍固然是好，可是从体力、时间上来说根本不可能。要把有限的时间和力气花在"刀刃"上，要弄清楚哪儿是重点、哪儿是自己的弱点，花大力气在这上边。不管什么时候、不管学习多么紧张，形势多么严峻，都一定要给自己留休息和放松的时间。适当的放松不仅不会浪费时间，反而会高效地利用时间，是提高效率的好方法。

5. 不与老师的教学进度相脱节

不了解教学的进度，时间就很难安排。很多学生个人学习计划的"破产"，就是因为不了解老师教学的实际进度，从而使自己安排的学习任务不是过重就是过轻，还会出现自己安排的学习内容和老师的教学内容相脱节的现象。

自我管理箴言

一份合理、可行的学习计划，还需要在实行当中逐步加以调整，也就是要有一个"磨合期"。在这期间，应根据实际情况不断做出调整，使计划更合理，更可行。而这时最不可取的是，计划一旦与现实产生矛盾，就放弃计划而开始盲目无序的"无政府状态"。为此，对于一份比较成熟合理的学习计划，我们必须坚持一个重要原则——尽量严格地执行，尽量不做什么变动。

自我管理基地

学习计划性测评

科学地利用时间，在有限的时间内有计划地学习，这是科学学习方法的一条重要原则。

1. 做题

对下列各题做出是、两可或否的回答。

（1）你是否经常按时交作业？

（2）去上学时你是否常常把书或其他学习用品遗忘在家里？

（3）平常学习新内容时，你是否常常来不及复习？

（4）你是否因夜里看电视或看书报，而不按时睡觉？

（5）你是否常常在临考前突击复习而平常从不复习？

（6）在家学习时，你从不规定好什么时间学什么课？

（7）你是否因为看电视或和同学、朋友玩耍的时间过长而挤掉了学习的时间？

（8）学习时，你是否不能努力在规定的时间内完成任务？

（9）老师布置的作业你是否经常忘做？

（10）假期中，你是否从不利用休息时间进行学习？

（11）学习时，你是否对学习方法从不考虑优点和缺点？

（12）你是否不遵守自己制订的学习计划？

（13）你是否为了学习而不按时吃饭和睡觉？

（14）你是否不能做到在规定时间内拼命学习，以致无法心情愉快地去做其他事情？

（15）在家里学习时，你是否往往没有事先准备好必需的用品，以致学习过程中要花时间去寻找。

2. 结果分析

是记 0 分，两可记 1 分，否记 2 分，统计总分。

0～10 分：学习计划性较差。

11～20 分：学习计划性一般。

21～30 分：学习计划性较强。

第三章　增强学习兴趣
——有趣地学习等于有效地学习

兴趣是学习中最活跃的因素，也是最重要的因素，从某方面来讲，兴趣还是学习成绩的主导因素，决定着学习过程的其他因素。如果没有兴趣，学习就会缺乏动力，学习成绩的提升便会非常困难。因此，要想提高自己的学习效率，首先要不断提高自己的学习兴趣。

兴趣可提高学习效率

　　英国大数学家麦克斯韦童年时，他父亲有意将他培养成画家，让他画插满金菊的花瓶写生。他画完，父亲一看就笑了。原来满纸都是几何图形，花瓶是梯形，菊花是大大小小的一簇簇圆圈，那些大大小小的三角形大概表示叶子。

　　后来父亲发现麦克斯韦的数学天赋，于是因势利导，培养他学习数学，使得他一步一步地走向数学殿堂，最终成为一个伟大的数学家。如果麦克斯

培养自己的兴趣爱好

韦的父亲一味培养孩子不感兴趣的美术，美术界也会多一个三流画家，那样的话，数学界将会缺少一位卓越的数学家。

读书的魅力是无穷的，需要自己去挖掘，就像石油工人一样，你挖得越深，对学习的理解才会越深刻。

下面来看一下关于华罗庚的实例吧。

有一次，华罗庚跟邻居家的孩子一起出城去玩，走着走着，忽然看见路旁有座荒坟，坟旁有许多石人、石马。这立刻引起了华罗庚的好奇心，很想去看个究竟，于是就对邻居家的孩子说："那边可能有好玩的，我们过去看看好吗？"

邻居家的孩子回答道："好吧，但只能待一会儿，我有点儿害怕。"

胆大的华罗庚笑着说："不用怕，世间是没有鬼的。"说完，他首先向荒坟跑去。

两个孩子来到坟前，仔细端详着那些石人、石马，用手摸摸这儿，摸摸那儿，觉得非常有趣。爱动脑筋的华罗庚突然问邻居家的孩子："这些石人、石马各有多重？"

邻居家的孩子迷惑地望着他说："我怎么能知道呢？你怎么会问出这样的傻问题，难怪人家都叫你'罗呆子'。"

华罗庚很不甘心地说道："能否想出一种办法来计算一下呢？"

邻居家的孩子听到这话大笑起来，说道："等你将来当了数学家再考虑这个问题吧！不过你要是能当上数学家，恐怕就要日出西山了。"

华罗庚不顾邻家孩子的嘲笑，坚定地说："以后我一定能想出办法来的。"

当然，计算出这些石人、石马的重量，对于后来果真成为数学家的华罗庚来讲，根本不在话下。

金坛县城东青龙山上有座庙，每年都要举行庙会。少年华罗庚是个喜爱凑热闹的人，凡是有热闹的地方都少不了他。有一次，华罗庚同大人们一起赶庙会，一个热闹场面吸引了他。只见一匹高头大马从青龙山向城里走来，马上坐着头插羽毛、身穿花袍的"菩萨"。每到之处，路上的老百姓纳头便拜，非常虔诚。拜后，他们向"菩萨"身前的小罐里投入钱，就可以向神问卦，求医求子了。

华罗庚感到好笑，也不跪不拜"菩萨"。站在旁边的大人见后很生气，训斥道：

"孩子，你为什么不拜，这菩萨可灵了。"

"菩萨真有那么灵吗?"华罗庚问道。

一个人说道："那当然，看你小小年纪千万不要冒犯了神灵，否则，你就会倒霉的。"

"菩萨真的万能吗?"这个问题在华罗庚心中盘旋着。他不相信一尊泥菩萨真能救苦救难。

庙会结束了，出来玩的人们也陆续回家了。但是华罗庚却远远地在"菩萨"后面跟着。跟着"菩萨"进了青龙山庙后，小华罗庚就迅速地跑过去，透过门缝往里面看。突然"菩萨"动了，从马上下来，将身上的花衣服脱去，并将脸上画的妆也抹干净了。待在门外的华罗庚呆住了，他没想到人们崇拜的"菩萨"竟是一村民装扮的。

华罗庚终于解除了心中的疑惑，他把村民扮"菩萨"的事情告诉了村子里的所有人，人们这才明白事情的原委。从这以后，人们不再像以往那样看待华罗庚了，也没人再叫他"罗呆子"了。正是因为华罗庚的这种非要把事情弄个水落石出的精神，对奇妙未知的世界充满着好奇心与浓厚的兴趣，才促使他在以后的学习道路中找到了正确的方向，刻苦努力，最终成为有名的数学家。

华罗庚的故事告诉我们，在学习的道路上处处都是学习的机会，时时都可以对它们感兴趣。当然要以一种愉快的心态去学习，而不是像在荆棘的羊肠小道上跋涉感到苦不堪言，最终望"峰"却步。

之所以说兴趣产生效率，是因为兴趣对于学习来讲非常重要。如果是带着兴趣去学习，便能够调动自己的积极性，就容易取得一个好的成绩！如果你去和那些成绩不错的人交谈，便会发现他们身上有一个共同点，那便是他们对学习总是充满了兴趣。不管是哪个科目，不管是什么时候，有了那种兴趣，便多了一分求知欲，这就使你不放过每一个从身边经过的知识点。同时，这也会让自己拥有一分比别人更大的韧劲，能做出许多别人或许无法做出来的难题。总之，学习的兴趣非常重要。

如果不是华罗庚从小便对数学具有的那种兴趣，他也许就不会取得伟大的成就。因为缺乏兴趣，他或许会在遇到困难的时候轻易放弃。

"知之者不如好之者,好之者不如乐之者。"如果没有兴趣,便不会产生很高的学习效率,学习也就不会有所进步。

对待学习要热情满怀

无论做什么事情,有了热情才会有经历那个过程的乐趣。否则,人就会觉得整个过程了无生气,枯燥乏味,打不起精神。这就是说,对工作、对学习、对他人,我们都应该热情满怀。只有喜欢学习和热爱学习,才有可能从学习之中找到乐趣和意义,才能对学习产生更大的热忱。

在现实生活中,有不少人因为种种原因不爱学习,总是打不起精神,没有热情,学习效率低下,学习效果也十分差。那么,怎样才能使自己对学习充满热情呢?

要想对学习有热情,自己就得去了解和理解所学的东西,深入认识它的意义和价值,仔细地去体会,继而从情感上去体验获得新知识的快乐。如此一来,对学习的热情和兴趣,也就会产生。具体到某一阶段的学习上,不要对某一次成败耿耿于怀。这就好比对一个人,假若你常想到的是他的优点,是他对你曾经有过的帮助,你就会一直感激他、喜欢他、热爱他,还有一点你要明白,热情一旦"控制"了人的整个身心,它就会变为顽强、稳定而又活跃的情绪状态。热情的社会属性及社会价值,是由它所指向的事物存在的社会意义来决定的。热情蕴藏着的意志力量,可给人以鼓舞与激励,促使人们去实现和达到伟大的目标。许多伟大科学家的一生,都是以巨大的热情和全部的精力投入到崇高的事业中去,才获得丰硕成果和伟大成就的。

用热情燃烧生命之火

　　比如爱迪生，他几乎把毕生的精力都投入到了他热爱的科学事业上。有资料记载，他曾在新婚之夜独自跑到工厂的实验室去搞科学试验，把新娘子和满屋来宾扔在一边。当他想起来回家时，客人们早已离去。由此可以看出，爱迪生是多么热爱科学、迷恋科学。据不完全统计，爱迪生到 1931 年 84 岁去世时，一共获得了约 2000 项科学发明专利。他的发明大多是电器，因此，不少社会学家认为，是爱迪生把人类社会从"蒸汽时代"推进到了"电气时代"。爱迪生生前说过："科学是永无一日休息的，在已经过去的亿万年间，它每分钟都在工作，并且还要如此继续工作下去。"

　　巴甫洛夫是俄国伟大的生理学家，也是俄国第一个诺贝尔奖获得者。他在《给青年们的一封信》中说："……第三是热情。切记，科学是需要人的毕生精力的。假如你们能有两次生命，这对你们来说也还是不够的。科学是需要人的高度紧张性和很大的热情的。在你们的工作和探讨中要热情澎湃。"巴甫洛夫同爱迪生一样，都是把自己毕生精力和满腔热情奉献给科学的人。据载，有一年新年来临之际，他的未婚妻和朋友们到他家做客，而他却钻进实验室里，不知疲倦地继续研究，忘记了时间。直到时钟打响了十二下，他才

知道已是子夜，新的一年已经开始，这才走出了实验室。

事实上，所有的科学家都同爱迪生和巴甫洛夫一样，他们都把科学事业看成是神圣的事业，从而满腔热情地投入到工作中去，从不懈怠，使他们的智力和非智力因素都得到充分发挥，继而取得杰出的科学成就。学习也是一样，如果不把学习当成非常重要的事情，如果没有满腔的热情，如果不全力以赴，想取得出色的成绩就是空想。

"每个天才的产生必是热忱的产物。"这是本杰明·狄斯拉里说的。戴尔·卡耐基也说："热忱是个性的原动力。没有它，任何你可能拥有的能力，便只有静止不动。我可以肯定地说，几乎人人都有很多尚未发掘出来的潜能。"

自我管理箴言

　　对于普通人来说，在学习中最好记住这样两句格言，第一句是："价值产生信心，信心产生热忱，而热忱则征服世界。"第二句是："我喜欢满身热忱沸腾的人。宁为喷泉，不为泥坑。"

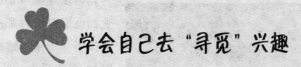

学会自己去"寻觅"兴趣

　　兴趣的魅力是无穷的，但要自己去寻觅；兴趣和爱好是最好的老师，但要自己去聘请。但愿你能拥有兴趣这位老师，让它永远伴你而行。

　　夏洛蒂对写作的爱好不仅帮助自己圆了作家梦，而且促成了两个妹妹的成功。她用自己对写作的强烈爱好创造了属于自己的生活。

　　她14岁进入露海德学校。那时，她的爱尔兰口音很重，衣着寒酸，人长得不漂亮，严重近视（看书时鼻子几乎碰到书本，在户外活动中，她接不住被人抛过来的球），这些事引起了同学们的讥笑。但是在课堂上、在集体活动中，她不失时机地表现自己的优势，同学们很快就发现，这个瘦骨嶙峋的穷丫头，她的学识、想象力和聪明才智是他们所有人都望尘莫及的。她以优异的成绩连续获得校方所颁发的银奖，并获得一次法语学习奖。渐渐地，她得到了同学们的尊敬，还交了好几个朋友。

她的妹妹艾米莉则无法适应学校的生活，她入学时17岁，比别人大很多，个子也比别的同学要高很多。除此之外，她还遇到和夏洛蒂一样的问题。她被孤立、被嘲笑。日日夜夜与那些人生活在一起，成了她的噩梦，并使她感到终生耻辱。她打心眼里瞧不起那些奚落她的人，知道他们是一群平庸的人，不如自己聪明，但是她不会像夏洛蒂那样去证明自己的才能。

她根本不和同学们来往，又怎能展示自己的才华呢。她连一个朋友也没有。在学校里熬了三个月后，她就回家了。

夏洛蒂的弟弟在布兰威尔的情况更加糟糕，他被送到伦敦皇家美术学院学习。在那里，他连最基本的兴趣也都丧失掉了。在家里，他认为自己是世界上最好的，但是在那里，有许多像他一样的学生，他开始怀疑自己的天赋。在伦敦花完了生活费后，偷偷地溜回了家。在心情沮丧的情况下，他一会儿画画，一会儿写小说，结果没有一件完成的。

而夏洛蒂则在自己的人生道路上艰难地跋涉。毕业后，她成了母校的老

到大自然中去寻找乐趣

师。她发现根本不喜欢这个职业，也懒得应付那些调皮捣蛋的孩子，于是，她想从事她小时候的最爱——写作去挣钱、挣脱命运的桎梏。当她向父亲透露这一想法时，父亲说："写作这条路太难走了，你还是安心教书吧？"她给当时的桂冠诗人罗伯特·索塞写信征求意见，两个月后，她日日夜夜期待封的回信却说："文学领域对你有

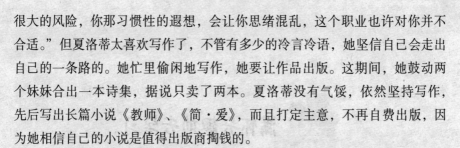

很大的风险，你那习惯性的遐想，会让你思绪混乱，这个职业也许对你并不合适。"但夏洛蒂太喜欢写作了，不管有多少的冷言冷语，她坚信自己会走出自己的一条路的。她忙里偷闲地写作，她要让作品出版。这期间，她鼓动两个妹妹合出一本诗集，据说只卖了两本。夏洛蒂没有气馁，依然坚持写作，先后写出长篇小说《教师》、《简·爱》，而且打定主意，不再自费出版，因为她相信自己的小说是值得出版商掏钱的。

夏洛蒂最终成了一位文学巨匠。她用自己的实际行动找到了她真正需要的东西。我们都知道，加强兴趣可以使你的快乐升级，那就不要担心会影响到学业。任何学习的成绩好与坏都与兴趣分不开，缺乏兴趣与爱好，只会给自己带来烦恼，而拥有好的兴趣则让人一生受益。

有一位画家，举办过十几次个人画展。无论参观者多少，脸上总是挂着微笑。有一次，有人问他："你为什么每天都这么开心呢?"他讲了一件事情：小时候，我兴趣非常广泛，也很要强，画画、拉手风琴、游泳、打篮球，必须都得第一才行。这当然是不可能的。于是，我心灰意冷，学习成绩一落千丈。

父亲知道后，找来一个漏斗和一捧玉米种子。让我双手放在漏斗下面接着，然后捡起一粒种子投到漏斗里面，种子便顺着漏斗滑到了我的手里。父亲投了十几次，我的手中也就有了十几粒种子。然后，父亲一次抓起满满的一把玉米粒放在漏斗里面，玉米粒相互挤着，竟一粒也没有掉下来。父亲对我说："这个漏斗代表你，假如你每天都能做好一件事，每天你就会有一粒种子的收获和快乐。可是，当你想把所有的事情都挤到一起来做，反而连一粒种子也收获不到了。"

自我管理箴言

　　学习也一样，我们可能会对许多事物都感兴趣，但是我们一定要抓住最能吸引我们的那个方向，找出最喜欢的东西，我们才会用加倍的努力去实现它。

 满怀兴趣地去学习

有人说：兴趣是成才的钥匙。

有人说：请珍惜你的兴趣和爱好。

……不管列举多少名家名言，它们向我们阐述的道理只有一个：兴趣对于学习很重要。

有这样一个面包师，从小就对面包有着无比浓厚的兴趣，闻到面包的香味就如醉如痴。

长大之后，正如他的期望一样他成了一名面包师。在做面包的时候，有三个条件不可缺少：面粉要绝对精良，黄油也要绝对正宗；器皿要一尘不染，闪光晶亮；还要有称心怡人的音乐伴奏，要不然他就不会有创作的情感。

他把面包当成艺术品一样做，就算只有一勺黄油不新鲜，他也特别生气，

兴趣是开启成功大门的钥匙

觉得这种行为简直就是让人无法容忍的亵渎。如果哪一天没有做面包，他就觉得很愧疚——馋嘴的孩子和挑剔的姑娘只能去吃那些做得比较粗糙的面包了。

有很多人觉得学习特别乏味，没有意思，这是因为他们没有学习的兴趣，所以成绩也不会特别优秀。如果想要提高学习成绩，就需要先培养自己对学习的兴趣。有了浓厚的学习兴趣，再坚持严格要求自己，这样才能竭尽全力

地投入其中，获得学习的精髓，最终获得重大的成就。

纵观历史，任何一个有所作为的人，在他们的成才历程中，兴趣都起着巨大的不可替代的作用。如果没有兴趣这把钥匙，你再勉强自己，苛刻自己，也无济于事，成才的大门是不会自动开启的，就像阿里巴巴站在山洞前，如果他不说出密语"芝麻，芝麻，开门吧!"那个装满金银珠宝的山洞就不会向他敞开一样。所以，要想取得成就，还需要至关重要的一件法宝——学习的兴趣。

任何一个成功的人都离不开兴趣，没有兴趣就没有行动的动力，行动从兴趣开始，对于普通人来说也是如此。

有些人也会因为自己对任何事情都不感兴趣或是没有专一的兴趣而烦恼，请不要着急——每一个人都有一个兴趣，每个人也同样不可能只有一个兴趣，可能你的兴趣才刚刚开始，很难被发现，可能你还没有找到对你最重要的兴趣。要知道，我们要培养自己的兴趣，也可以不断变换着自己的兴趣，随着你不断接触新鲜的事物，你就会慢慢地发现，你正在对某件事情感兴趣。

美国有一个中学在入学考试的试卷中曾有过这么一道题：比尔·盖茨的办公桌上有5个带锁的抽屉，分别贴着财富、兴趣、幸福、荣誉、成功5个标签。盖茨总是随身带着一把钥匙，但是把另外的4把锁在抽屉里，请问盖茨带的是哪一把钥匙？老师对学生说，这是一道智力测试题，书本上没有相关的内容，也没有什么统一的答案，任何人都可以按照自己的理解自由回答，老师也可以根据学生的答案给他们分数。

一位刚移民到美国的学生，看到这个题目后，又着急又焦虑，因为他不知道该怎么回答。而他同桌的答案是，盖茨带的是财富抽屉上的钥匙，另外4把钥匙都锁在财富的抽屉里。最后老师在这道9分的题上给了移民学生5分，但是只给了移民学生同桌1分。老师认为，虽然他一个字都没有说，但是这可以说明他是真诚的，凭这一点应该给一半以上的分数。比尔·盖茨本人的回答是：在你最感兴趣的事物上，隐藏着你人生的秘密。

任何人都想追求财富、兴趣、幸福、荣誉和成功。而兴趣掌管着成才的箱子，一旦你要做出唯一选择，不如多想想自己感兴趣的事情，做自己感兴趣的事情，才更容易做出伟大的成就。假如不考虑兴趣，你虽然努力依旧，但是可能还是不能靠近成功。

15 岁少年倪世明退出"神童班",寻找"适足鞋"的故事就足以证明上述观点。

倪世明的父母是平凡的职工,在黑龙江省宁安市东京城镇林业局工作。倪世明自小就显示出惊人的学习天赋,小学四年级刚读完,父母就将他送进了镇中学,通过艰苦的努力付出之后,他于 2004 年被中国科技大学少年班录取。虽然家庭环境贫穷,但是在媒体热情帮助之下,很多单位和热心人都出手援助。学校知道他家的情况之后还给他办理了困难生的补助,每学期都给他发奖学金。面对这么多人的帮助和支持,年纪轻轻的倪世明被感动了,决心从此好好学习,对得起所有好心人的帮助和希望。

但是他在少年班的学习并没有预期的好。少年班只有数学、物理和计算机能够自己选,但是这些他并不是很感兴趣。在以后的不到 4 个月的时间里,他参加了一次期中考试和两个学科的期末考试,成绩都是在一般以下,而且计算机还不及格。他深深地感到以往的学习环境好像更适合自己——成绩比别人优秀时,他有充足的时间来学习并且去掌握自己感兴趣的东西。现在,在少年班,他整日辛苦地学习,艰苦地追赶着同学们,但只是为了能不落在进度后面,学习成了他的重担,而且很多东西都是他不得不学但却是他讨厌的……

倪世明经过很长时间痛苦的思考和激烈的思想斗争并得到了父母的同意,决定向学校申请退学。学校老师劝他说:"从少年班毕业的学生,未来是不可限量的,你可要想好再做决定啊!"但是倪世明的话也让学校的老师震撼了:"每个人的脚都有一双适合自己的鞋子。从古至今,那些杰出的人才们不都是因为有一双适合自己的鞋子吗?比尔·盖茨,放弃前景很好的法律,非要自学没有前途的编程,但是他最后成功了,这预示着,美国没有了一个平庸普通的律师,世界上却增加了一个使社会历史不断向前发展的技术专家……"

倪世明又回到了母校,进入高三尖子班学习,他的目标是名牌大学化学专业,最后终于如愿考上了清华大学。

对倪世明来说,学习自己喜欢的专业比学习那些让他感到头疼的专业要好得多。学习自己喜欢的专业,才会带着主动的心情去学习,这样的话,成才之路才会为你展开。

管理好学习 在主动自发中快乐学习

自我管理箴言

对于当代中学生来说，不应该是好好满怀兴趣去学习吗？要知道只有你喜欢学习，学习成绩才会喜欢你。

学习中兴趣是很重要的

世界从来就是美丽和兴奋并存，它本身就是如此的动人，如此令人神往，所以我们永远也不要让自己失去那分应有的兴趣。若你能保持兴趣常有，会给你带来奇迹。兴趣是学习的动力，如果一个人失去了兴趣，那么，不仅不能读好书，而且更难成为栋梁之材。任何伟大的人，不管是音乐家还是科学家，他们肯定都会有自己所感兴趣的东西存在，他对他的学习和事业充满兴趣。

兴趣可以引导你去往哪个方向学习，需要成为哪种类型的工作者，这是毋庸置疑的。著名红学家周汝昌先生，在他很小的时候就特别喜欢古诗词，而且他的记忆力非常好，有过目不忘的本领，于是他就研究诗词，终成为一代文艺理论大家。

教育家布鲁纳说，学习最好的刺激，乃是对所学材料的兴趣。兴趣可以吸引人去关注某一事物，并对其进行研究。许多科学家的成功是得益于广泛而持久的兴趣。

英国伦敦的一家报纸在1765年7月登了这样一条音乐会预告：莫扎特是个神童，他能够让全欧洲乃至全人类感到自豪。这个8岁的少年让音乐家和有识之士大为惊讶。他的羽管键琴演奏、视奏能力及运用各种乐器的即兴表演和作曲，都让人叹服。莫扎特的父亲，听从了很多绅士的要求，决定延长滞留时间。所以，大家才能够听到这位小天才作曲家和他姐姐的演奏……

学会培养学习中的兴趣

　　1756 年 1 月 27 日，莫扎特在奥地利萨尔斯堡的一个宫廷乐师之家出生。他的父亲列奥波尔德·莫扎特原是德国人，曾有 7 个孩子，但是其中 5 个都没有存活，能够活下来并成长起来的只有最小的儿子沃尔夫冈和他的姐姐安娜。

　　列奥波尔德是一位受人们爱戴的小提琴家、作曲家，他很早就关注了小莫扎特非凡的音乐天赋。有一次，他与一位朋友一起在自己家中偶然看到 4 岁的儿子正全神贯注地趴在五线谱纸上写东西。父亲很奇怪地询问他在做什么？儿子很认真地回答道："我在作曲。"孩子的行为让两个大人觉得很有趣，看着纸上扭七扭八的音符，以为这不过是小孩闲来无事的玩闹。但是，当细心的父亲认真地看了儿子的作品，突然眼睛湿润、心情激动地对他朋友喊道："亲爱的，快过来看！他的曲子写得多么准确和有意义！"这个小天才从此开始了他的创造生涯！

　　莫扎特有着令人惊讶的听力和非凡的记忆力。他 7 岁时，有一次用父亲的朋友沙赫特涅尔的小提琴演奏曲子，两天后莫扎特又在自己的小提琴上练习。沙赫特涅尔再次上门，莫扎特对他说，与前两天用的那把小提琴相比自己的小提琴低八分之一个音。沙赫特涅尔认为他在说笑话，可是莫扎特的父亲太了解自己的儿子，他请朋友把小提琴从家里取来，经过比较，跟小莫扎特说的一点都不差。

1762 年，仅有 6 岁的莫扎特就精通了古钢琴的弹奏技术，这个时候，他还进行了小提琴的学习。在父亲的引领下，6 岁的莫扎特和 10 岁的安娜开始了在整个欧洲大陆的旅行演出。他们去过慕尼黑、法兰克福、波恩、维也纳、巴黎、伦敦、米兰、波隆那、佛罗伦萨、那不勒斯、罗马、阿姆斯特丹等很多城市。每到一个地方都能受到世人的赞扬，在奥地利首都维也纳，皇帝还把他们邀请到王宫进行表演。

莫扎特作曲特别轻松而且速度特别快，这让跟他同时代的人和后辈们把他看作是无师自通、自学成才的天才。回顾他的一生，他在小时候听从了父亲的严格教诲，确实没有得到过老师的正常指导。天才是无法让人忘记的，可是人们常常总是忽略了其实天才也需要刻苦与勤奋的努力。1787 年 10 月的一天，莫扎特与歌剧《唐璜》的乐队指挥库查尔兹一起散步时说："人们总是以为我现在的艺术成就是很容易得来的，这是错误的想法。我非常肯定地告诉你，亲爱的朋友，没有一个人能像我一样花这么多时间和思考来从事作曲，我对每一位名家的作品都是很辛勤地研究了许多次。"

我们可以看到莫扎特的身上到处都表现出了典型的艺术家天性。他对生活充满热爱，是个充满诗意、富于感情的人。他认为穷人是最讲义气的，"世界上只有穷人才是最好、最真实的朋友，有钱人完全不知道什么叫友谊"。他非常天真、行为单纯，始终保持愉悦的心情。他特别容易受感动，特容易掉眼泪，有着女性般的柔情。他还有童真，如孩子一样充满了好奇，好像永远也长不大。

美国音乐学者约瑟夫·马克利斯说得好："在音乐历史中有这样一个时刻：各个对立面都一致了，所有的紧张关系都消除了。莫扎特就是那个灿烂的时刻。"

没有对音乐的兴趣与专注，就不会有莫扎特的光辉的一生。兴趣是学习、工作的灵魂。年轻人如果不能从每天的学习生活中找到乐趣，仅仅是为了生存才不得不从事学习，仅仅是为了生存才完成职责，这样的人肯定是要失败的。兴趣是战胜困难的强大力量，它使你保持清醒，全身的神经都处于兴奋状态，不容许任何有碍于实现既定目标的干扰存在。

兴趣和人类的关系，就像是蒸汽机和火车头的关系，它是人类行动的主要推动力。

兴趣是我们最重要的财富之一，不管我们是3岁或30岁，6岁或60岁，9岁或90岁，兴趣使我们青春永驻。不知你是否意识到，每个人都具备火热的兴趣，只是这种兴趣在心里埋藏着，等待我们去开发。

学习中兴趣是很重要的，爱因斯坦说兴趣是最好的老师。只有对未知世界产生强烈的兴趣，才会有强大的求知欲。这种求知欲会不断地深入进去，探求事物的本源，因此良好的兴趣能够指引人前进。

自我管理箴言

德国杰出的诗人歌德说："哪里没有兴趣，哪里就没有记忆。"没有记忆，何谈成功地学习呢？兴趣的魅力是无穷的，但需要自己去寻觅，如果你对学习的兴趣达到了极高的程度，科学的道路不管如何艰险，你都能达到科学的高峰。

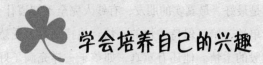

学会培养自己的兴趣

心理学家认为，兴趣是一个人能量的激素。对一件事物产生浓厚兴趣的人，他的智能会得到充分的发挥。

兴趣是喜爱的一种表现。一个初中学生对金庸武侠小说产生了浓厚兴趣，他彻底忘记了中考的压力。一个少年对足球或歌星的喜爱达到痴迷、忘乎所以的程度，他说话做事可能几近疯狂。假如你对学习的兴趣达到了"痴迷"的程度，不管科学的道路怎样困难，你都能充满信心地登上高峰。

兴趣是非智力因素，但它是事业的催化剂、兴奋剂。那么，我们如何来培养自己的兴趣呢?

1. 要学会给兴趣找方向

学习和看小说、看足球、听音乐不同。学习就像矿工采金,后者是娱乐消遣。所有的学习者都必须懂得,每门科目都会有枯燥的章节。但学习是紧密结合循序渐进的过程,不能只学习简单的。因此要明白,兴趣不是生下来就有的,需要后天培养。一连串的数学符号,一般人觉得很无趣,可是在陈景润眼里,那是美妙的乐章,是一连串的美妙的音乐。不能盲目地跟从兴趣,只去做感兴趣的事,要充满兴趣地去做所有能做的事,把本来不感兴趣的事做出兴趣来。例如当你对某一门功课或者某一章节没有兴趣,感到枯燥乏味,首先对老师不要抱怨,你在心里给自己打气:"这门课或这地方虽然现在没有学会,坚持学习,它肯定会很有趣的!"先给心理定个方向。正如你爱看小品、爱听相声,觉得不好你也自己傻笑,这是因为你先前给"乐"定了"向"。

2. 要认真

"认真"为兴趣的重要源泉。认真就是要让自己全神贯注投入其中,全神贯注就会有些收获,有了些许的收获你的心情就会愉悦,你愉悦了就会增加一分自信,增加一分自信必定让你产生兴趣。一直保持认真的态度,兴趣就会逐渐增加,这种循环往复的方式,由小到大,兴趣就会慢慢地多起来。

3. 要学会制订"小目标"来激励自己

有这样一个实验:甲乙两人比赛割麦子,任务一样,两人各方面条件相同,只是比赛时裁判先给甲隔几米插一小红旗,乙没有,比赛结果甲胜乙败。反过来,"小红旗"乙有甲没有,结果乙胜甲败。这个实验说明,只空喊"我要为祖国学习"、"我要成才"、"我要考最好的大学"等口号是没用的。要学会给自己的每个早晨、每个晚上、每节课、每节自习、每个假日制订力所能及的小目标,插上激励兴趣的"小红旗",完成它,保证你的兴致会大增。

4. 要懂得调节自己的情绪

当你学习学累的时候,你为什么不欣赏一下喜欢的歌曲调节一下心情呢?当你练习累了的时候,你为什么不读点唐诗宋词,领略一下诗词里的美好感情呢? 当你没有兴趣看历史的时候,为什么不去看看相关的电影,用真实的画面回想一下?

当你把全部精力集中于学习时，有时会越钻越觉得有趣，越钻进去它对你的吸引力越大。但有时也有相反的情况：当你集中精力于学习时，开始可能热情甚高，兴味甚浓，但久而久之，又感到枯燥、单调。不仅没有培养出对学习的迷恋之情反而产生厌倦情绪。那么，该怎么克服呢？

1. 挖掘新意

每一事物都有其单调之处，久而久之，新奇感必然逐步丧失。但是，每一事物又都有其无穷无尽的新颖之处。在学习中，应当善于从一般中看出特殊，从表象中探究深层的奥秘，从中挖掘新意，从而也就会对学习不断产生新鲜感。

2. 变换角度

"横看成岭侧成峰，远近高低各不同。不识庐山真面目，只缘身在此山中。"苏东坡的这首诗，形象地道出同一事物，从不同的角度看会得到不同的结论的道理。比如，在做数学题时，遇到困难，久攻不破，会感到厌倦，而使热情受挫。这时不妨变换一下角度去思考问题，不仅会领略到一番新的风光，大增兴趣，而且还会意外地找到新的通途。固定不变的思维模式，常使人感到枯燥单调，但不断变换角度去思考，就是老问题也会不断出现新意。

3. 找出差距

当你对学习感到单调、枯燥时，多半是你没有看到自己潜在的能力。你不能把学习停留在一般水平上，要不断地寻找自己的差距，向深度发展。一旦你发现了差距，你就会觉得深入学习对你仍十分必要，就会对学习产生清新之感。

4. 丰富学习动机

如果你学习目的不明确，似乎只是为父母而学，那么，你就会把学习看作负担，无法从中得到乐趣。因此，丰富动机，升华动机，是提高学习兴趣的保证。你要努力保持丰富和充实的动机，做到既有远大抱负，又有近期目标，以便对学习永远保持充沛的热情。

自我管理箴言

兴趣有一种神奇的力量，它能使你不觉得苦，忘记劳累。它会为你学习一门技艺，增添一层斑斓的色彩。

加强观察，提高学习兴趣

观察是思维、想象诸能力的基石，是一个人获取信息的手段及本领。其他能力都是通过对观察所获得的信息进行加工整理、分析判断来体现的。因此，离开了观察，其他的几种能力就成了无本之木，无源之水。

微风吹拂，吊灯会左右摆动，这是一个多么普通而又多么常见的现象！千百年来，人人都见过它，却很少有人认真地观察它。意大利比萨城里有一座环境幽静的大教堂，伽利略在教堂里正好碰到一位司事来给悬挂的吊灯添油。司事走后，吊灯仍在空中摆动，这种极平常的现象引起了伽利略的注意。他感到十分惊奇：吊灯的摆动幅度尽管越来越小，但每摆动一次所用的时间几乎相同。他想起人的脉搏的跳动是有规律的，于是他就利用自己的脉搏计算时间，反复核实了几遍，果然不错，吊灯每摆动一次所用的时间相同。伽利略回家以后找来铁球和细绳，进行了反复实验，得到了单摆振动的等时性这样一个十分重要的规律。后来，这个规律被荷兰科学家惠更斯用来制成了人类历史上第一个机械的计时装置——摆钟。

进化论的创始人查理·达尔文说得更加明白："我既没有突出的理解力，也没有过人的机智。只是在观察那些稍纵即逝的事物并对其进行精细观察的能力上，我可能在别人之上。"正因为达尔文有着超乎常人的、突出的观察能力，在生物学上为人类做出

加强观察，提高学习兴趣

了伟大的贡献。

客观事物千差万别，千变万化，蕴藏着无穷的奥秘。对缺乏好奇心、缺乏兴趣爱好的人来说，即使是很离奇、很具有吸引力的事物，他也是视而不见、听而不闻；对于有好奇心、有兴趣爱好的人来说，则会处处留心、事事留意，能见常人所未见，有所发现。有好奇心、有兴趣爱好的人，才能成为热心观察的人。

观察力的培养离不开日常的观察实践，应注意以下问题。

1. 确立具体的观察目的

观察的目的一般有两种：一是观察者迄今未知或未加阐明的事实，可以从观察中得到知识、发现问题。二是判断证实理论，验证知识。世上的事物浩如烟海，人们不可能对所有的事物都做密切的观察，只有择其要者而观察之。观察时，要有意识地搜寻自己所要寻求的现象。特别是要寻找事物和现象的特点，寻找这一事物与其他事物之间以及与已有知识之间的联系。

2. 制订周密的观察计划

有了周密的观察计划，才能保证观察有系统、有步骤地进行。如果在观察时毫无计划，没有条理，那就不会有什么收获。因此，我们在进行观察前就要计划好先观察什么，后观察什么，按部就班，系统进行。观察的计划可以是书面的，也可以表象的形式保留在头脑中。一般来说，长期的复杂观察，必须做出书面的计划，即把有关表象转化为书面语言；短期的简单观察，头脑里有个设想就行了，关键是要养成在执行观察任务前先制订计划的良好习惯。

3. 尊重客观的观察结果

科学家认为，偏爱和"过于热衷"会歪曲事实。尊重客观的观察结果，就是培养青少年对事物本来面目的尊重，让青少年养成使主观愿望服从于客观证据的习惯。英国生物学家赫胥黎说：要做的是，愿望符合事实，而不是试图让事实与愿望调和。我们应在事实面前放弃一切前人之见，恭恭敬敬地照着大自然指的路走，否则，就将一无所得。

观察中的差错往往出自两种原因：一是错觉造成的。比如，光在水、玻璃及热空气中折射会造成畸变，会使人们产生视觉上的错误。二是由于头脑容易无意识地根据过去的经历、知识、自觉自愿地去填补空白。比如，在电影中强盗举起了刀，又往下一刺，虽然观众并没有看到强盗的刀子插入被害者的身体，但看到一个人倒在血泊中，就以为被害者是强盗杀的。

观察，一是尊重事实，尤其是看重那些与观察预想有差距的事实，常常是这些东西导致创新的产生和重要的发现；二是要相信事实，要用事实改正理论，不要被现成的理论影响到；三是发现异常现象后，要立刻去寻找原因以及同其他事物和现象之间的关系。

英国有一位乡村医生名叫詹纳，对研究动物的生活习性很感兴趣，他通过仔细观察，记录了各种鸟做巢的秘密。他听说杜鹃鸟从不自己做巢，而是在别的鸟巢中下蛋，让别的鸟替它喂养自己的子女，并且母杜鹃还将养父母的亲生孩子残忍地撵走，以保证自己的子女健康长大，于是便决心对杜鹃的习性进行亲自观察。他发现，杜鹃确实在别的鸟巢里下蛋，有篱雀的、知更鸟的、篱莺的、鹡鸰的……并由这些巢主代喂其子女。与此同时，他也发现了一个可怕的现象：鹡鸰夫妇都出去打食了，窝里的鹡鸰幼鸟也全都睡着了，这时杜鹃幼鸟开始活动起来。它低下大脑袋，抵着窝底，颤颤巍巍地叉开两腿，开始往后退，退呀退呀，它的屁股拱着窝里的一只幼鸟，就把屁股往那只幼鸟的身子底下拱，又把两只光秃秃的翅膀向后弯，向后夹，终于连拱带夹地把那只鹡鸰幼鸟挪到自己的背上凹下去的地方，然后吃力地使劲往窝边上挪动，一直挪到窝边上，再用脑袋和两只脚撑着窝底，费力把身子往上抬，越抬越高，再猛地一使劲，屁股一掀，就把背上的鸟给甩到窝外面去了！

杜鹃的秘密终于揭开了——杜鹃不做窝，不孵蛋，也不喂养幼鸟，而且幼鸟还无情地对待养父母的子女！

英国皇家学会的博物学家们无论如何不相信刚孵出的杜鹃能将窝里的其他小鸟拱出去。詹纳继续观察，并设计了观察情景，收集了大量照片等资料，使人确信了上述事实。

4. 掌握科学的观察方法

孔子说："工欲善其事，必先利其器。"要有效地进行观察，提高观察能力，掌握良好的观察方法是必需的。

下面列举几种观察方法，以便在学习时参考使用。

（1）自然观察和实验观察。自然观察是在自然条件下进行的。如在大自然中实地观察动物的生活习性、植物的生长规律等。实验观察是在实验室条

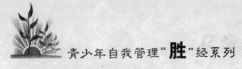

件下进行的。如在学习物理、化学时，在实验操作的过程中，实际观察那些具体的物理现象或化学变化。

（2）长期观察和定期观察。长期观察是对某些事物或现象进行长期的系统的观察。如观察儿童成长过程的身心特点，就需要长期观察。定期观察则是对某些事物或现象在短期内进行预定的观察，如学习天文知识，观察某一次日食或月食现象便是。

（3）全面观察和重点观察。前者是对某一事物的一切方面都要进行观察，即对该事物有一个全面的彻底了解。后者是按照某种特殊的目的和要求，只对被观察事物的某一个或某几个方面做特别细致的观察，以便对其有更加深入的了解。

（4）直接观察和间接观察。前者是亲自动手进行观察，以取得可靠的第一手资料。后者是利用别人观察所得的材料进行分析、研究、归纳和概括，做出相应的科学结论。

（5）解剖观察和对比观察。前者是把被观察对象的各种特性、各个方面或各个组成部分，一一分解开来，认真进行观察。这样的观察，可以使人们对事物的了解更加精确。例如观察圆柱，有几个底面？底面是什么形状？有几个侧面？侧面展开是什么形状？两个底面之间距离相等么？通过这样的解剖观察后，就能掌握圆柱的主要特征：圆柱的底面是相等的圆，它的侧面积展开是一个长方形。对比观察是把两个或几个大同小异或小同大异的事物，加以对照比较，进行认真观察，以获得清晰的印象。例如观察长方形和正方形，都有四条边，四个角都是直角，不同的是正方形四条边相等，而长方形只有对边相等，在长方形的长和宽相等时就变成了正方形。通过这样的观察，我们就不仅能了解长方形和正方形的异同，而且也能掌握它们各自的特征。

上述各种观察方式，并不是按照一个共同的标准划分的，它们彼此之间有时可以互相包容。例如，在进行长期观察或定期观察时，就可以运用自然观察或实验观察。其余依此类推。同时，观察方式并不是只有这一些，还可以根据某些不同的标准，划分出更多的类别。

加强观察，提高观察能力不仅对学习好的学生甚为重要，对学习差的学生更为重要，观察能提高学生的学习兴趣。苏联教育家赞可夫认为：学生学习成绩落后的原因纵然是复杂的，但普遍的特点之一，是学生观察能力差。他在教育实践中亲自从引导学生观察入手，帮助一位差生逐渐积累了较多的关于事物的现象的观念，丰富了学生的感性知识和经验，使学生提高了认识事物的兴趣，提高了求知欲，从而进一步感到学习是一种有趣的事，迅速地改变了学习落后的局面，顺利地完成了学业。

专注——兴趣的助燃剂

　　只有专心，才会把事情做好；分散精力，错误就容易发生。所以，当你做某一件事时，一定要全身心投入才行，因为成就与你专心的程度往往是成正比的。

　　比尔是个成功的演说家和作家，喜欢在闲暇时间观察鸟类。几年前，比尔买了一幢新房子，附近一片欣欣向荣。入住后的第一个周末，他就在后院里装了个喂鸟器。就在当天的黄昏时刻，一群松鼠弄倒了喂鸟器，吃掉里面的食物，把小鸟吓得四散而逃。在接下来的两周里，比尔绞尽脑汁想出各种办法让松鼠远离喂鸟器，就差使用暴力了，但没有起到丝毫的作用。

　　在无计可施的情况下，他来到当地一家五金店。在那儿他找到了一种与众不同的喂鸟器，带有铁丝网，还有个让人心动的名字，叫"防松鼠喂鸟器"。这回可保万无一失了，他买下它并安装在后院里。但天黑以前，松鼠又大摇大摆地光顾了"防松鼠喂鸟器",照样把鸟儿吓跑了。

比尔又一次失败了。他拆下喂鸟器,回到五金店,非常气愤地要求退货。五金店的经理回答说:"别着急,我会给你退货的,不过你要理解:这个世上可没有什么真正的'防松鼠喂鸟器'。"比尔惊奇地问:"你想告诉我,我们可以把人送到太空基地,可以在几秒钟之内把信息传到全球任何一个地方,但我们最尖端的科学家和工程师都不能设计和制造出一个真正有效的喂鸟器,可以把那种脑子只有豌豆大的啮齿类小动物阻挡在外?你是想告诉我这个吗?"

"是啊,"经理说,"不过没花你那么长时间。"比尔好奇心更强,请经理说得仔细些。店铺经理说:"先生,要解释,我得问你两个问题。首先,你平均每天花多少时间让松鼠远离你的喂鸟器?"比尔想了一下,回答说:"我不清楚,大概每天10到15分钟吧。"

"和我猜的差不多,"那位经理说,"现在,请回答我第二个问题:"你猜那些松鼠每天花多少时间来试图闯入你的喂鸟器呢?"

比尔马上明白了:在松鼠醒着的每时每刻。

回去后,比尔特意查了一下资料,大吃一惊。原来松鼠不睡觉的时候,有98%的时间都在寻找食物。

在专一的用心面前,智慧的大脑和强壮的体格又能有什么作用呢?其实,专心的程度和收获是成正比的。

在一条臭水沟旁,有一个人低着头坐在那里,很长时间都没有离开。为什么他要这么长时间地坐在臭水沟旁呢?

过往行人觉得很奇怪。后来有人跑近一看,原来是画家门采尔在画画呢!门采尔是一个非常勤奋的人,他总是随身带着铅笔和画纸,遇到他觉得有意思的东西,就立刻画下来。他跨过水沟时不小心弄脏了鞋子,便坐下来专心致志地画那满是污泥的鞋子。

门采尔无论在何时何地都手不离画笔,所以有人对他开玩笑说:"你大概是患了绘画狂热症吧?"门采尔兴奋而诙谐地答道:"我希望我的这个病永远都治不好。"

从门采尔的故事我们可以得出一个道理:成就与你专心的程度往往是成正比的。干任何一件事,如果不达到痴迷的程度,也就不会取得大的成就。

门采尔的"狂热症",是他成功的动力,他之所以能取得巨大成就,与他的这种专心的态度是分不开的。

有一天,一位老朋友去看望作家巴尔扎克。一进门,巴尔扎克突然迎面向他走来,大声叫嚷着说:"你、你使这个不幸的少女自杀了!"那位朋友觉得莫名其妙,吓得后退了几步。巴尔扎克睁开眼睛看了几秒钟后才笑了笑说:"对不起,老朋友!"原来,巴尔扎克正在构思他的小说《欧也妮·葛朗台》。他所说的少女,就是小说中的欧也妮。

据研究巴尔扎克的学者介绍,这位大名鼎鼎的作家在创作过程中总是这样全神贯注。巴尔扎克也常用"聚焦"来形容他的思维方式,目标确定之后,就要把自己的注意力集中在一个关键性的突破点上,就好像凸透镜一般,将阳光集中于一点,才能形成突破性的思维力。

巴尔扎克的"聚焦"思维确实是一种值得借鉴的经验。精力分散,这就不能使你在思考的问题上有所突破。只要你具有专心的态度,全力以赴用心去做,才能实现人生的改变。反之,思前想后,因顾虑太多从而分心就很难把一件事情做好。

心理学上有一种"瓦伦达心态"。瓦伦达是美国一个著名的高空走钢丝表演者,他几十年的高空走钢丝表演令千百万人紧张激动。他走钢丝的足迹几乎遍及了各种人群聚集的场合。他曾说过,对他而言,生命就是走钢丝,这是他的天性。

但是在一次重大的表演中,他却不幸失足身亡。他的妻子事后说:"我知道这次一定要出事,因为他上场前总是不停地说,这次太重要了,不能失败,绝不能失败。而以前每次成功的表演,他只想着走钢丝这件事本身,而不去管这件事可能带来的一切后果。"心理学家就把这种为了达到一种目的总是患得患失的心态定名为"瓦伦达心态。"

美国斯坦福大学的一项研究也表明,人大脑里的某一图像会像实际情况那样刺激人的神经系统。比如当一个高尔夫球手击球前一再告诉自己"不要把球打进水里"时,他的大脑里往往就会出现"球掉进水里"的情景,而结果往往是球掉进水里。这项研究从另一方面证实了"瓦伦达心态。"

自我管理箴言

一生只做一件事需要付出比别人更多的热忱，而热忱源自一个人的爱好和兴趣。

 快乐学习，远离厌学情绪

子贡倦于学，告仲尼曰："愿有所息。"仲尼曰："生无所息。"……"有焉耳。望其圹……则知所息矣。"子贡曰："大哉死乎！君子息焉，小人伏焉。"仲尼曰："赐！汝知之矣。人胥知生之乐，未知生之苦；知老之惫，未知老之佚；知死之恶，未知死之息也。"

子贡，是孔门七十二贤之一，且列言语科之优异者。孔子曾称其为"瑚琏之器"。他利口巧辞，善于雄辩，且办事通达，曾任鲁、卫两国之相。他还善于经商，于曹、鲁两国之间富致千金，为孔子弟子中首富。上面则是子贡和他的老师孔子之间的一段对话。其大概意思是：子贡厌倦学习，想休息一阵。孔子说："人生没有休息。"子贡问："那我没有休息的地方了吗？"孔子说："有，你看那坟墓堆，就是你休息的地方。"子贡说："好一个休息的地方！君子在那儿休息，小人在那儿趴着。"孔子说："子贡啊，你终于明白了。人们都只知道活着的乐趣，不知道活着的苦恼；只知道老来疲惫，不知道老来的安逸；只知道死的可恶，却不知死是休息。"

学习是未成年人生活的重要组成部分，可是孔子师徒的对话让我们看到，就连孔子最得意的弟子之一——子贡都曾经厌倦过学习，可见厌学这一现象确实是古已有之。随着科学技术的发展，社会的进步，市场对人才的要求也愈来愈苛刻。那么在当今生活中，厌学这一现象到底是愈来愈少还是愈演愈烈，我们且来看一组数据：中国青少年研究中心通过对学生学习与发展的调查发现，因"喜欢学习"而上学的初、高中生分别仅占10.7%和4.3%的比例。另据新华网消息，"来自北京部分中小学的调查数据显示，目前青少年厌学率达到30%"。又据中国儿童心理卫生专业委员会对两所学校进行的调查显示，有59.3%的学生有厌学情绪，其中不乏成绩优秀的孩子。虽然各个研究者由于调查的范围与方法不同而可能有不同的结论，但对于厌学的现状，绝大多数研究都认为是"普遍存在"。不仅学习差的学生厌学，而且学习好的学生也有厌学倾向。厌学已成为教育中普遍存在的棘手问题，影响了学生的健康成长和发展。其带来的相关社会问题，令家长茫然、教师忧虑、教育界关注。

什么是厌学呢？厌学，顾名思义就是不喜欢学习、厌倦学习，它是指学生对学校的学习生活失去兴趣，产生厌倦情绪，持冷漠态度等心理状态在行动中的不良表现方式。厌学，作为一种心理状态，不是特定学生所有的，而是所有学生在某种程度上共同潜在的问题。

青少年厌学的自身因素有以下几种：

（1）身体的健康状况。即使是聪明好学的学生，如果身体健康状况日趋

青少年厌学情绪

欠佳，也会无心学习，就是想学也不能长久坚持下去，厌学行为因此而产生。

（2）智能水平的高低。智能水平偏低，不能理解现在所学的内容，或者知识有难度掌握不了时就易降低学习兴趣；智能水平偏高，觉得所学内容太简单太容易，因而对学习加以忽视，长期下去，缺少牢固的基础知识，就难以应付新的内容，最终导致厌学。

（3）学习成败的态度。学生的学习有成功也有失败，如何对待成功与失败往往对学生的学习热情有很大的影响。如果学生经常看到的是学习中的失败而没有成功的希望，就会降低学习热情，丧失努力学习、争取优异成绩的自信心，厌学情绪随之产生。

（4）性格上的弱点。懒惰、依赖性强、意志力薄弱、自卑感重等也会影响学生学习的积极性，使之不喜欢学习。

（5）对学习失去兴趣。有的学生迷恋游戏、录像、上网或者早恋，将学业、未来一切抛之脑后。有报道称某同学自从迷上网上聊天和游戏后，一天短则两小时，长则四五小时，花费不菲还在其次，问题是竟像换了一个人，不再关心学习，不愿再与他人交往，甚至不愿跟人说话——包括自己的父母及家人。据其家长讲，一连十几天他都没出门。除了吃饭睡觉，就一直待在电脑前。心理医生说，他是患了一种"自闭症"，因为网络世界的"自由度"使他有种错觉，似乎可以不再关心现实生活的冷暖、得失。

（6）缺乏动力。学习动机作为影响学习的个性因素之一，在学习过程中起着非常重要的作用。而没有动机或动机不足，常常使学生对学习没有兴趣，学习活动不能持久进行下去。学生没有学习动机，就如同汽车没有加油，在学习的旅途上是跑不远的。

自我管理箴言

青少年克服厌学症，需要社会、学校、家庭、青少年自己之间互动合作，共同营造一个重学、乐学的氛围。对有严重心理障碍的青少年，还需要进行个别心理辅导，以帮助他们克服心理障碍，调整学习心态，积极、主动、愉快地对待学习。

克服厌学情绪，学会自我暗示

青少年学生要学会用自我暗示来克服厌学的情绪。所谓"自我暗示"，从心理学角度讲，就是个人通过语言、形象、想象等方式，对自身施加影响的心理过程。这种自我暗示，常常会在不知不觉之中对自己的意志、情绪，乃至生理状态产生影响。

在我们的生活中，到处充满了自我暗示的现象。例如，清晨对着镜子梳妆时，如果看到自己的脸色很好，没有痘痘，往往会心情舒畅，学习都有精神，这是一种积极性的暗示。如果在镜子中，发现自己脸上突然冒出几颗痘痘，眼皮略有浮肿，就会觉得心情沮丧，无心学习，这是一种消极的暗示。

对于病人来说，积极的自我暗示，会使人建立良好的心境，增强战胜疾病的信心，从而有益于病情的稳定和症状的消除。而消极的自我暗示，会破坏和干扰人的正常心理和生理状态，以致体内各种组织器官功能紊乱，抗病能力大大降低。

现在，自己对照一下，你在清晨、课前、课后、睡前以及其他时间里，积极的自我暗示多呢，还是消极的自我暗示多？

人有时候是很奇怪的，你以为自己怎样，常常你就会怎样。所以，知道了自我暗示的巨大效应，你就应把消极的自我暗示转换成积极的自我暗示。

晚上睡前，躺在床上回忆曾经在学业上令你感到自豪或快乐的事情，比如你上课回答问题，受到老师的表扬；你的作文或美术作品第一次获奖；你第一次学会唱英文歌，等等，你会发现，原来学习也很快乐啊。即使过去的学业上没有令你开心的事情，你也可以幻想有一天自己考第一名时快乐的场景。总之，千万不要总是回想自己挨老师骂，或者没考好被父亲打的场景。

清晨，上学前，在镜子前整装时，别忘记给自己一个微笑，告诉自己："上学真好！"

在房间最醒目的地方，贴上"我爱学习"、"快乐学习"等标语，而不是挂上周杰伦、"超女"们的大头像。

对自己做出十种正面的肯定，如我能按时完成作业！我能认真听讲！我的大脑聪明无比！我能学会任何东西！等等。然后，把它们写在一张纸上，每天大声读一遍。

记住：这种"自我肯定"一定要有力度，不要说诸如"也许"、"可能"、"如果"等字眼。

把自己每天的学习心得或收获写下来，经常翻看，你会发现自己学会的知识或技能很多。

要相信自己

自我管理箴言

对于学生来说，积极自我暗示，比如每天对自己说"我爱学习"，你就会以积极的态度去对待学习，慢慢地会越来越喜欢学习；相反，如果你总是觉得自己讨厌学习，不是学习的料，就会越来越讨厌学习，甚至看到书本就头疼、想睡觉，这都是消极的自我暗示造成的。

自信——学生厌学的克星

自信，对于青少年来说是一种良好的学习心态，同时还是学生内在气质的一种体现。就学习而言，自信首先来自学生自己的实力，学生的知识面越宽、对知识掌握得越牢固，心理状态就越稳定，其自信心自然也就越强。其次来自外部环境的影响，也就是说来自家长和老师对孩子的评价和表扬，大人对孩子的评价越高、表扬越多，青少年的自信心也就越强。

自信心是学习的助推器、加力器，正是自信帮助青少年扬起了理想的风帆。下面这些提高自信的方法，可以帮助你远离厌学情绪。

1. 考试不及格找自信

你因为一次考试不理想，而备受打击，这完全可以理解，但一定要从哪儿跌倒，在从哪儿爬起来，积极建立自信，相信自己一定能行! 具体方法如下:

（1）主动到教室前面。主动到教室前面，哪怕站在那里看着同学们，你内心也会充满自信。把它当作一个游戏试试看，从现在开始就尽量往前坐或者趁下课的时候，主动站到讲台上。当然，这样会比较显眼，但要记住，有关成功的一切都是显眼的。

（2）把你走路的速度加快25%。有一种人表现出超凡的信心，走起路来比一般人快，像跑。他们的步伐告诉整个世界:"我要到一个重要的地方，去做很重要的事情，更重要的是，我会在15分钟内成功。"使用这种"走快25%"的技术，抬头挺胸走快一点，你就会感到自信心在滋长。

（3）练习当众发言。在课堂上，尽可能多发言，多发表自己的意见。拿破仑·希尔指出，有很多思路敏捷、天资高的人，却无法发挥他们的长处参与讨论，并不是他们不想参与，只是因为他们缺少信心。

（4）咧嘴大笑。咧嘴大笑，你会觉得美好的日子又来了。笑就要笑得"大"，半笑不笑是没有什么用的，露齿大笑才能有功效。我们常听到:"是的，但是当我害怕或愤怒时，就是不想笑。"当然，这时，任何人都笑不出来，窍门就在于你强迫自己说: "我要开始笑了。"然后笑。要训练自己控制、运用笑的能力。

让自己自信起来

（5）对着镜子照（找）自信。对着镜子微笑，真诚地说：我就是最棒的！考前树立起"我能行"的观念，对保持良好的应试状态将起到积极的促进作用。

（6）宣泄法。如果考前过于紧张，可以找一个自己信任的、头脑比较冷静的人（有条件的可以找心理学工作者）交谈一下，把自己的烦恼倾诉出来，最好具体描述一下以前考试时紧张的感觉。也可以给要好的朋友写封信，把你紧张的心情写出来，将有助你缓解紧张情绪、减轻心理压力。

（7）音乐疗法。心理学研究表明，音乐可以影响一个人的情绪和行为。动人的音乐，不仅可以使人心情舒畅，从中得到美的享受，还可以使人感到轻松愉快、消除疲劳、缓解紧张情绪。

2. 其他增强自信的方法

（1）在聚会、开会等场合，你要专挑前面的位子坐。可能你已经注意到，在上述场合，后面的位子总是最先被坐满。大部分占据后排座位的人，都希望自己不会太显眼，而他们怕受人注目的原因就是缺乏自信心，坐在前排能建立你的信心。

（2）时刻鼓励自己，相信自己一定能做到、做好。心里要有这样的信念"我说行就行"，"别人能行，我也能行"。你可以在课桌上、床前贴上写有激励自己话的小纸片："我行，我能行，我一定行。""我是最好的。"在早晨起床时、晚上睡觉前都在心里默念，在准备发言前、与人交往前，尤其是遇到困难和挫折时都要反复地告诉自己："我能行。"久而久之，就会通过自我积极的暗示机制，鼓舞自己的斗志，增加心理力量，使自己逐渐树立起自信心。

（3）要注重自己的仪表。一套干净、笔挺的西装会让一个男人看起来更加庄重，一袭美丽的长裙会让一个女人看起来更加迷人。可见，恰当的仪表可以获得别人的赞赏和好评，从而增强人的自信心。因此，自卑的学生尤其要注意自己的仪表，好好装扮自己。在出门前，或者在课间，多照镜子，保持发型美观，衣着整洁、大方。当你因此得到别人的夸赞时，自信心一定会油然而生。

（4）练习正视别人，提高自我胆识。一个人的眼神可以透露出许多有关他的信息。不敢正视别人是胆怯、心虚的表现。而大大方方地正视别人，等于告诉他人："我诚实，而且光明正大，毫不心虚。"因此，在学习和工作中经常提醒自己要面带微笑，正视别人，用温和的目光与别人打招呼，用点头表示问候，用聚精会神、专心致志的听讲表示对他人的理解与支持。这种练习不但能增强你的亲和力，而且能为你赢得别人的信任，强化你的自信心。

（5）挺起胸膛，让步履轻松稳健。心理学家告诉我们，步态的调整，可以改变心理状态。你若仔细研究就会发现，那些稍微遭受教师批评，受到同学排斥的学生，走路时都是懒懒散散、拖拖拉拉的，完全没有自信感。自信的人走起路来则是胸膛直挺，步子稳健轻松。

自我管理箴言

　　人要改变自己，就需要时时处处充满自信。既要在自己内心里相信自己，也要在公众面前表现出这种自信心。

趣味检测

测试一：你厌学吗

亲爱的朋友，在平时的学习中你是不是会有无心学习、听课走神的现象？是不是有时对学习提不起兴趣，看到课本就恶心想吐的现象？你想不想知道自己的这些表现是不是厌学呢？那么请完成下面的测试题，你就能得到清晰的答案。请在5分钟内，根据自己内心的想法，对下列问题做出是（√）否（×）的选择。

（1）我认为学习一点意思都没有。（　　）

（2）我是迫于形势才不得不学习的。（　　）

（3）我经常会在课堂上趁老师不注意做小动作或者是和周围的同学说话。（　　）

（4）我觉得学习简直就是活受罪。（　　）

（5）现在的社会，学习没什么用处。（　　）

（6）我觉得老师和同学都瞧不起我。（　　）

（7）老师讲的课太枯燥了，一点意思都没有。（　　）

（8）我觉得学习是件苦差事。（　　）

（9）上学简直没意思透了。（　　）

（10）我学习就是为了父母。（　　）

（11）我对学习一点都提不起兴趣。（　　）

（12）我觉得在课堂上捣乱是一件很好玩的事情。（　　）

（13）一上课我就无精打采。（　　）

（14）上课时老师讲的内容我总是似懂非懂。（　　）

（15）我常常抄同学的作业。（　　）

（16）即使无事可做，我也不愿意学习。（　　）

（17）我是一个追星族。（　　）

（18）我认为自己不是块读书的料。（　　）

（19）我觉得迟到早退是一件很正常的事情。（　　）

（20）我上课时思想总是开小差，想一些与学习无关的事情。（　　）

（21）我认为上学就是为了拿一张文凭而已。（　　）

（22）我最头痛的就是考试了。（　　）

（23）小时候不用读书的时光是多么的快乐啊。（　　）

（24）我觉得网吧、游戏厅是很好的娱乐场所。（　　）

（25）我一拿起书本就觉得头痛。（　　）

（26）我根本听不懂老师在讲什么，也懒得去弄懂。（　　）

（27）考好考坏对我个人来讲无所谓。（　　）

（28）课堂上，我听不进去时会经常做些与学习无关的事情。（　　）

（29）读书对我来讲真的一无所用。（　　）

（30）我常为自己的前途担忧。（　　）

测试报告：答"是"记1分，答"否"记0分。将所有题目的得分相加，计算出你的总分。

0～1分：基本上没有厌学情绪，建议你继续保持现在的这种状态。

2~11分：有一定的厌学情绪，建议你明确学习目标，当目标实现的时候，你能体会到成功的满足感和快乐。

12~20分：有严重的厌学情绪，建议找到适合自己的学习方法，达到事半功倍的学习效率，你就不会那么讨厌学习了。

21~30分：已有了厌学症，建议你调整自己的心态，静下心来，找出你厌学的原因，并加以克服。

说明：本测验的目的只是为了让大家对自己的学习态度有一个较深入的了解。如果对待学习的态度良好或只有轻微的厌学情绪，那么恭喜你！假若你的厌学情绪很严重，甚至发展到了厌学症，那么也请你不要害怕，不要担心。你所要做的就是继续读下去，相信你一定能够克服厌学情绪，慢慢恢复到正常的学习状态。

测试二：学习兴趣检测

根据你的实际情况，请对下列题目做出最适合你的选择。

（1）你是否认为学习没有意思？（　　）

A. 是

B. 有时这样认为

C. 不是

（2）学习遇到困难时，你是否会主动问其他人？（　　）

A. 经常问

B. 有时问

C. 从来不问

（3）学习中，你是否对困难的问题采取回避态度？（　　）

A. 从不回避

B. 有时回避

C. 经常回避

（4）你经常提前完成老师布置的作业吗？（　　）

A. 经常这样

B. 有时这样

C. 从不这样

（5）你是否经常把零花钱省下来买学习用书？（　　）

A. 经常这样

B. 有时这样

C. 从不这样

（6）没有老师和家长的督促，你能主动学习吗？（　　）

A. 主动学习

B. 有时主动

C. 学习不主动

（7）你是否认为自己没有毅力，不能继续学习？（　　）

A. 不认为

B. 有时这样认为

C. 一直这样认为

（8）学习时，你因为思想开小差而浪费时间吗？（　　）

A. 经常这样

B. 有时这样

C. 不这样

（9）成绩不好的科目，你是否努力地学习？（　　）

A. 更努力去学

B. 有时会更努力去学

C. 不努力去学

（10）你是否认为不努力学习是不行的？（　　）

A. 总是这样认为

B. 时常这样认为

C. 偶尔认为

（11）你常为自己不按时完成作业找借口吗？（　　）

A. 从不这样

B. 有时这样

C. 经常这样

（12）你学习时能否做到坐到桌子前就马上开始学习？（　　）

A. 能

B. 有时不能

C. 不能

（13）解题时，你是否常常试图找出较为新颖的解法？（　　　）

A. 经常这样

B. 有时这样

C. 从不这样

（14）你是否讨厌学习要求严格的老师？（　　　）

A. 不讨厌

B. 有些讨厌

C. 非常讨厌

（15）坐到桌前进行学习时，你是否感到无聊？（　　　）

A. 不无聊

B. 有时无聊

C. 立刻无聊

（16）你常因为一些不重要的事情而请假不去上课吗？（　　　）

A. 从不这样

B. 有时这样

C. 经常这样

（17）你是否经常找借口来回避学习？（　　　）

A. 从不找

B. 一般不找

C. 有时找

（18）你是否认为根据自己的情况，必须拼命地学习？（　　　）

A. 总是这样认为

B. 常常这样认为

C. 一直这样认为

（19）你对自己的考试成绩关心吗？（　　　）

A. 非常关心

B. 有时关心

C. 从不关心

(20）你在学习时，有人打扰你，你是否感到厌烦？（　　　）

A. 是

B. 有时是

C. 不是

评分标准：每题选 A 记 2 分，选 B 记 1 分，选 C 记 0 分，将各题得分相加，统计总分。

测试结果：

26 分以上：你的学习兴趣较高，希望你继续保持。

13~25 分：你的学习兴趣为中等，你应该努力提高学习积极性。

12 分以下：你缺乏学习兴趣，应该引起足够重视。

第四章　学会化解压力
——让压力变成学习的动力

　　不装东西的空口袋不仅站不起来，还可能被人踩在脚底下，或被风轻飘飘地吹走。生活的改善、事业的发展是促使人学习的压力，而学习本身也构成了压力。

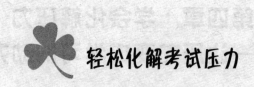

轻松化解考试压力

从医学角度来看紧张是怎么一回事呢？同学们在面临考试时感觉紧张，常表现为手心出汗、眼前发黑、大脑一片空白。这是因为在紧张状态下会从交感神经中分泌出一种液体，这种液体适度地分泌可以促进应考状态，但是分泌过多就会影响到记忆，就会觉得脑子里一片空白。因此说一定程度的紧张能让我们取得好成绩，但是过度的紧张就会影响发挥。因此考试紧张感比较容易出现在性格尖锐或者内向的同学身上，女同学比男同学的比例更高；家长、老师或者自己对于目标要求过高的同学，也容易出现紧张。如何克服紧张呢？最重要的是调整心理状态，对此，我们开始前要这样想：考试的内容都是我学过的，对自己要有信心。这对克服紧张感是很重要的。

介绍一个解决心理紧张的小技巧——渐进式缓解紧张法，从头到脚地放松，这个方法可以在各种场合使用。

（1）先从眉毛开始。下巴保持不动，眼睛看着天花板。此时眉头就会皱起来，使点劲，心里默念1、2、3、4、5。放松，眼睛再往下看。反复数次。

（2）使劲闭上眼睛，心里也是默念1、2、3、4、5，然后再睁开眼放松。睁开眼后感觉眼前有星闪烁才表明使的劲足够。

（3）低头，将下巴尽量向胸口方向靠，这时要感觉脖子周围的肌肉在用力才对。

（4）双手交叉握紧，手臂尽量靠拢，向后伸，有挺胸的感觉。

（5）手握成拳，手臂弯曲，向自己方向用力弯曲。

（6）吸气，屏住呼吸，感觉腹部很硬，心里数1、2、3、4、5，然后再放松。

（7）双腿并拢伸直，脚面向前绷直。

（8）双腿并拢，脚跟点地，将脚掌尽力向后绷直。

采用这套渐进式缓解紧张方法，是将全身先紧张起来，然后再放松，利用身体紧张后的放松，起到更好的缓解心理紧张的作用。另外一个克服紧张的方法比较简单，但效果是一样的。当感到紧张时，二氧化碳排出量会增加，使呼吸急促，此时只需要用双手围住鼻子进行呼吸，便可减缓紧张。如果通过上述方法还是不能克服心理紧张，这时就需要寻求心理医生的帮助，借助现代化仪器来缓解紧张感。

自我管理箴言

　　当坐在考场时，感觉自己很紧张又有压力时，可以尝试上面介绍的方法，相信对缓解你的紧张情绪有一定的帮助作用。

自我缓解考试焦虑

　　很多学生在考试前会感觉不安、紧张、焦虑。有的考生在考试开始后，这种心理状态还不能改善，反而更加严重。这对于考生来说是致命的。

　　一些平时学习优秀的学生在中考、高考中失利，重要原因之一就是考试时焦虑，心理压力大。考试，不仅是考能力，更是考心理素质。因此，考前了解并调节自己的心理状态是非常重要的。

　　小黎，是某重点中学初三的学生。她上小学时，成绩优异。进入重点中学后，强手如林，她更加认真努力地学习，从来不敢放松。平时月考或周测，小黎的成绩都在班上前五名。但是，一到期中、期末考试，成绩就很糟，甚至连班上前十五名都进不去。考试期间，小黎常常出现头痛、腹泻等身体不适，有时一场考试要去厕所两三次，根本无法将注意力集中在试卷上。考试结束以后就好了。为此，她惴惴不安，心里非常苦恼沮丧："马上就要中考了？我该怎么办？我每次都告诉自己不要慌，但是一到考场就无法控制自己。我越来越怕考试了，对学习也越来越不自信了。我该怎么办？"

小黎的症状属于比较典型的考试焦虑。考试焦虑是对考试的一种特殊的心理反应。与一般性焦虑不同的是，它有明确的焦虑对象，如对考试的情景、考试过程或考试结果的焦虑。考试焦虑通常伴随一些身体反应，如头晕、头痛、腹泻、出汗、战抖、手脚冰冷等。

一般将考试焦虑分为四级，依次为严重焦虑、中度焦虑、轻度焦虑和适度焦虑（或镇定）。轻度焦虑和适度焦虑的同学，在考场上不会过于紧张，能取得正常或超常的成绩。若处于中度或重度，应引起重视，要设法自我调节或接受心理咨询。自我调节可按以下步骤进行。

1. 找出考试焦虑的原因

你为什么考试焦虑？是因为题目不会做，没有复习好，害怕考不好（为什么害怕考不好），还是其他原因？请把你想到的原因都写下来，越详细越好。

2. 对原因进行合理性分析

对每一个焦虑原因进行分析，回答这样几个问题：

它为什么成为我焦虑的原因？它是合理的吗？我该如何克服它呢？我自

听音乐有利于缓解焦虑情绪

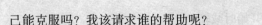

己能克服吗？我该请求谁的帮助呢？

例如，多数学生考试焦虑的原因是害怕考不好。那么就要追问：为什么害怕考不好？是怕自己没有面子，还是害怕父母、老师的责骂，或是觉得自己对不起父母，还是其他原因？

如果是害怕父母、老师的责骂，那就应该和父母、老师交流一下，获得他们的帮助。父母责骂你是希望你下次能考好，如果他们知道是自己的责骂使你考不好，那么他们一定会改变态度的。这样，你就不必为此焦虑了。

现在，请你根据以上所写的原因来分析自己：

只要你努力，没有解决不了的问题。必要的时候，请求父母、老师或者心理咨询师的帮助。

3. 学习简易自我放松法

这个神奇的方法就是调整呼吸。

由于人们的习惯不同，男女生理上的差异，自然呼吸可分为胸式、腹式及胸腹混合式三种。成年男子以腹式呼吸为多，女子以胸式呼吸为多，运动员、演员、歌唱家则多是腹式呼吸。呼吸，还分为鼻吸鼻呼法、鼻吸口呼法、口吸鼻呼法和口吸口呼法。下面重点介绍的是腹式鼻吸口呼法。

（1）平躺屈膝，脚分开，与肩同宽。脚趾微向外，脊背保持平直。（或端坐在椅子上，脚在地板上伸开，双手轻轻搭在膝盖上。）

（2）一手放在胸部，一手放在腹部。

（3）用鼻子深吸气，使腹部很舒服地胀起，胸部微微胀起，稍停一下后用嘴呼气。

（4）开始感觉轻松，绽放微微的笑容。用鼻子吸气，用嘴呼气。呼气时发出松懈的吁声，把嘴、舌、腭慢慢放松下来。继续做这种长、缓、深的呼吸，好好听着自己的呼气声，让自己愈来愈放松。

（5）每日一至二次，每次 5~10 分钟为宜，约过两周，可延长至 20 分钟。

（6）完成每一次，都应追踪身体紧张部

当焦虑时学会深呼吸

位，比较一下这时紧张感是否比开始时减轻。

（7）学会把气深深吸入腹部，你可以在坐着或站着的时候做。呼吸的时候，注意力放在腹部的起伏，感觉空气在腹部进出，心情是否逐渐放松。

（8）在你感觉紧张、焦虑而有需要的任何时候，都可以做。

你还可以通过深呼吸和意象法来缓解紧张。

（1）深呼吸。当你觉得紧张时，练习做深呼吸，吸气要深、满，吐气要慢、匀，放松训练。当你觉得紧张时，将全身所有能控制的肌肉从头至脚全部绷紧，然后慢慢吐长气，直至全身全部放松下来。来吧，让我们来试一试，皱起你的眉头，慢慢地数数，10、9、8、7、6、5、4、3、2、1、0，好，松开眉头。再来，咬紧你的牙齿，你会感到两边脸颊的肌肉已经绷紧了，心中默默地慢慢地数数，10、9、8、7、6、5、4、3、2、1、0，好，松开牙齿。这样就能体会到放松的感觉。

（2）意象法。当你觉得紧张时，想象美好的开心的事物和情景，把当时的情景想象得栩栩如生，把自己最快乐的感觉找到，并陶醉在想象情景之中。可以是蓝天白云，自己在云上飘或是想象在一望无垠的海边，海浪轻轻拍打你的感觉。

自我管理箴言

　　焦虑是一种预料到威胁性刺激而又无能为力去应付的痛苦反应，是对当前或预计到的对自尊心有潜在威胁的情景的一种担忧的反应倾向。大多数人在考试时都会受到情绪的困扰，有的人在考试前忧心忡忡，惶恐不安，失眠、忧郁，精神萎靡不能自控；有的人在考试中心神不定、茫然出神，或者唉声叹气，身体不停地出汗、抖动；有的人考试前后，头晕、恶心、呕吐、食欲不振；有的人可能反应还要剧烈一些。这些都是属于考试焦虑的表现，无疑会影响考试，影响考生的正常水平发挥，导致考试失败。青少年一定要学会调节自己，远离考试焦虑。

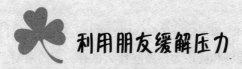

利用朋友缓解压力

朋友疗法很简单，让朋友帮助你进行压力应对。研究显示，没有社交关系和朋友的人往往觉得孤独。孤独将导致压力，抑制感情造成的压力则更为严重。

有些人在遇到困难的时候自然而然就会向朋友求助；有些人却将自己孤立起来，独自面对压力，给自己寥寥几句鼓励而已。

有些人已经拥有一群可以求助的朋友，但是当压力事件发生的时候，他们往往会中断和朋友的联系。当你感到压力时，会不会停止回复电子邮件、中断和好友的电话联系、不再参加任何集体活动？如果你感到有压力，采用朋友疗法吧，给他们打个电话，告诉他们你的压力状况，请他们聆听你的倾诉。如果你不需要建议，也可以请他们不要发表意见。当然，如果需要的话，也可以请求他们的帮助。

如果你没有现成的朋友群，或者已经和他们失去联络，可能就要从头开始了。结交朋友最简单的方法之一就是参加各种活动。上课、加入俱乐部、寻找支持性的组织。你可能需要尝试多种方式，才能找到真正能够依赖的朋友。但是，只要坚持不懈，就肯定可以获得成功。

通过朋友缓解压力

采用朋友疗法缓解压力并不意味着坐在家里，等待朋友的到来，而是主动出击。有时候，只需要几句话，就能找到和你处于同样困境、需要朋友疗法的朋友。

朋友疗法并不复杂，唯一的要点

就是人与人的接触，不是基于网络的虚拟接触。电话联系很有帮助，但是触及不到真正的问题。和朋友一起聊天（即使与你的问题毫无关系），给日常工作安排一段小小的插曲，这将是放松和提升自尊的绝好方法，也是帮助他人的机会。

在朋友疗法中，你无须做任何特别的事情，你需要的只是社交生活。

当然，朋友能够和应该为你做些什么也有一定的限制。朋友疗法应该是接受和付出相互平衡的过程。有效的朋友疗法必须是互惠的。如果只有你向他们倾吐苦恼，却从不分担他们的苦恼，他们是不会成为你长久的朋友的！

建立友谊的方法之一就是互相帮助。

 自我管理箴言

请求帮助比给予帮助更为有效，因为人们通常更愿意提供帮助，而不是请求帮助。去吧，请别人帮助自己吧，一段友谊可能就此开始了。

 ## 运动可以有效缓解压力

1. 散步

散步能促使血管弹性增加，特别是腿的持续运动，可促使更多的血液回到心脏，有利于改善血液循环，提高心脏的工作效率。散步有利于精神放松，减少忧郁与压抑情绪，并可以提高人体免疫力。散步还能维持人体的钙平衡，保护骨骼健康，并有助于氧化体内多余的脂肪，减轻体重或维持体重在适当的水平。

散步时采用的姿势是抬头挺胸，两眼平视前方，腹部稍内收，臀部肌稍保持紧张，双腿自然放松交替前进，两臂随之摆动，并配合有节奏的呼吸。

散步一般先由慢速和短距离开始，以后逐渐增加速度和距离。散步的距离可控制在 1 500 ~ 3 000 米左右，速度约 60 ~ 110 米/分。每天一到两次，每次20 ~ 40 分钟。

散步时的节奏和呼吸节奏有着一定的关系。呼吸方式一般有两种：胸式呼吸和腹式呼吸。正常情况下人们多数是胸式呼吸，如采用腹式呼吸可先从胸式呼吸开始，慢慢过渡，千万不可操之过急。无论哪种呼吸方法，在走路或散步的过程中要有意识地进行调节，但应注意呼吸不宜过慢，不能故意屏息憋气，也不能吸气过度。此外，散步时要心情放松、百事不思，着装要宽松，鞋子要合脚，同时要注意行路安全。

2. 慢跑

慢跑能增强呼吸功能，可使肺活量增加，提高人体通气和换气能力。慢跑可使血流增快、血管弹性增加，具有活血祛瘀、改善血液循环的作用。慢跑能促进全身新陈代谢，改善脂类代谢，可防止血液中脂质过高。慢跑可控制体重，预防动脉硬化，调整大脑皮层的兴奋和抑制过程，消除大脑疲劳。

慢跑运动分为原地跑、自由跑和定量跑等。原地跑即原地不动地进行慢跑，开始每次可跑 50 ~ 100 步，循序渐进，逐渐增多。持续 4 ~ 6 个月，每次可增加至 500 ~ 800 步。高抬腿跑可加大运动强度。自由跑是根据自己的情况随时改变跑的速度，不限距离和时间。定量跑有时间和距离限制，即在一定时间内跑完一定的距离，从少到多，逐步增加。

慢跑时，全身肌肉要放松，呼吸要深长，缓缓而有节奏。可两步一呼、两步一吸，也可三步一呼、三步一吸。宜用腹部深呼吸，吸气时鼓腹，呼气

散步可以减轻压力

慢跑有助于缓解压力

时收腹。慢跑时步伐要轻快，双臂自然摆动。慢跑以每天20~30分钟为宜。

慢跑的速度应依体力而定，宜慢不宜快，以自然的步伐轻松地向前行进，以循序渐进、持之以恒为原则。跑步要从短程开始，逐步增加路程。以慢跑后自觉有轻松舒适感，没有呼吸急促、腰腿疼痛、特别疲乏等不良反应为最佳。

3. 游泳

若是在天地之间蒸腾着热气的夏日，能在冰凉清爽的泳池里泡上半天，相信那会是最好的享受，你的疲劳与压力也会一扫而光。游泳可以增强神经系统支配皮肤血管收缩和舒张的灵活性，也就在极大程度上加强了人体适应温度变化和抵御寒冷的能力。游泳能够加强对心脑的输血量，这对于心血管疾病的预防和治疗大有好处。此外，游泳有助于肺活量的增加。游泳能够使多余的脂肪渐渐减少，并有效地锻炼人体的胸背和四肢肌肉。

对于身体不适或患有肝炎、感冒、皮肤癣（包括脚癣）、肠道传染病、精神病及重症沙眼、急性结膜炎、中耳炎等眼、耳鼻喉部疾病的人来说不宜游泳。因为游泳不仅会加重病情，而且还可能成为传染源，通过池水、公用物

游泳可以舒展身心

品把疾病传播给其他健康者。另外，心脏功能不好的人或是饮酒后也不宜游泳。

4. 登高或登山

登高或登山是简单、经济、易行的健身运动，它能够使人远离城市的喧闹，沐浴山林的新鲜空气，保持身心舒畅，并充满活力。可以增强体质，提高肌肉的耐受力和神经系统的灵敏性。还有助于防病治病，患有神经衰弱、慢性胃炎、高血压、冠心病、气管炎、盆腔炎等慢性病的人，在进行药物治疗的同时，配合适当的登高或登山锻炼，可以提高治疗效果。

登高或登山还可以培养人的意志，陶冶人的情操。当你登上高峰，极目远望时，其心境是可想而知的。

登高或登山正确的姿势是身体重心要前移，步子放小些，落脚点要近些；坡度较陡的路应膝盖抬高些，上体前倾些。下坡时，上体要直立或稍向后仰。

要注意安全，登高或登山时应当步伐平稳，注意力集中，防止滑倒、扭伤、骨折等意外事件的发生。

自我管理箴言

　　当我们感到压力比较大时，不妨学着上面介绍的方法做一下，相信你一定会有不一样的收获！

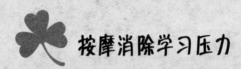

按摩消除学习压力

　　生活中压力无孔不入，我们想要过相对轻松的生活，就要学会一些方便又实用的减压小技巧。经医学家研究证明，科学的按摩可以缓解一个人的压力。具体的步骤如下：

　　（1）浴面。先将两手搓热，用两手的食指、中指、无名指、小指四个手指左右擦动面颊部分，由上而下，连续做四个八拍。

　　（2）按揉颈项。用两手的中指按住风池穴，先按穴位两个八拍，再以顺时针方向揉穴位两个八拍，再从风池穴向下沿颈椎擦至颈肩，再按四个八拍。

　　（3）按揉太阳穴。用两手的食指按在太阳穴上，按顺时针方向揉四个八拍。

　　（4）按揉百会穴。用其中一手的中指按揉百会穴，先按压两个八拍，再依顺时针揉两个八拍。重复一次，一共八个八拍。

　　（5）点击头顶。用两手的食指、中指、无名指、小指四个手指的指端有节奏地轻轻叩击头顶部，一共做四个八拍。

　　（6）梳发与摩顶。先用两手的食指、中指、无名指、小指四个手指的指端，从前额向后梳理，做一个八拍；再用两手四指指背，从耳前两鬓向头顶正中做梳理动作，做一个八拍；再用其中一手手掌心轻摩头顶部，做一个八拍；重复两次，共六个八拍。

　　科学家指出，通过对头皮的穴道按摩，可松解疏通头面及颈项经络，促

轻柔颈项

进头部血液循环，改善头部皮肤及头发营养，更可以在不知不觉中使紧绷的肌肉放松下来，进而减少压力、紧张和疲劳，使生理性头皮屑得到改善。

　　按摩是非常方便简单的活动，每个人都可以随时随地按摩。因此，这项对身体极为有利的活动应大力推广。

自我管理箴言

　　按摩可以使人放松身体，消除疲劳。按摩头皮则可以有效地缓解一个人的压力。

睡眠可以减轻学习压力

　　我们知道，青少年学习任务沉重，根本无法得到充足的睡眠。斯坦福大学公布的一项研究表明，睡眠不足犹如酒后驾车，会削弱自身的控制能力。

现代医学研究表明，睡眠机制和人的脑活动有一定的关系。人的中脑里存在一个上行性网状激动系统，如果上行性网状激动系统在大脑皮层的作用下产生抑制，就进入了睡眠。而大脑皮层是人体的最高司令部，所以说睡眠是受意识控制的。也就是说，如果睡眠发生，必定是我们想睡，如果我们不想睡，就可以控制住自己坚持不睡，这就是许多人由于工作和学习任务重，几天几夜不睡觉都很精神的原因。当然，大脑皮层对上行性网状激动系统的控制能力每个人是不一样的，控制的失调，就产生了各种睡眠紊乱，如失眠等情况。

大脑需要睡眠，因为在清醒状态下，它是得不到休息的。神经元和相关组织恢复重建和再生也需要休息，而这种休息只有睡眠状态才能提供。除此之外，睡眠对每个人的身心健康还有很多积极作用。

有专家研究表明，有规律的生活起居，对一个人的健康有着许多积极的作用。充足适宜的睡眠既可预防疾病的发生，也能在患病时使病状减轻或使病情好转。

此外，良好的睡眠可以消除疲劳，减轻心理压力。当身体状态不佳时，

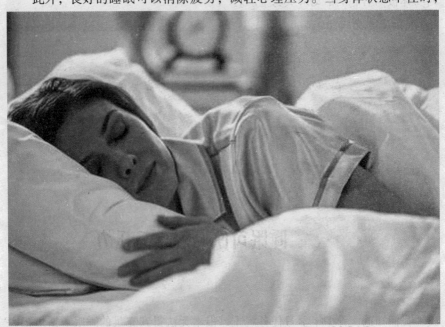

睡眠是减压的好方法

或在剧烈活动后感到疲惫不堪时，如果能美美地睡上一觉，体力和精力就会很快得到恢复。这是因为人体内各组织器官都处于不断的生理活动过程中，一方面消耗大量的营养物质，另一方面也能积累起大量的代谢废物（如乳酸等）。当这些废物积累到一定程度，人们就会感到疲劳，这是人体神经系统对体内代谢废物积累所做出的保护性反应。这个时候，如果不停下来休息，就会使人体生理功能受到伤害，神经系统调节失灵，人体的抵抗能力也会有所下降。

你可以尝试一下下面的方法，保证有良好的睡眠，缓解心理上的压力。

（1）如果外界噪声让你无法入睡，那就人为制造一些"白色噪声"，你可以让电视机一直小声地开着，盖过那些讨厌的噪声。

（2）平时要避免用闹铃或闹钟。你可以用收音机来叫醒自己，让音乐来开始你新的一天。如果你需要一种刺耳的声音来打乱睡眠周期，只能说明你睡眠不足。

（3）足部保暖。研究结果表明，双脚发凉的人睡眠质量比足部暖和的人要差。因此，睡觉感到足部发凉可穿着厚袜子睡觉。

（4）如果你比以往睡得晚或起得早，在之后的两天要多休息、多睡觉以

睡前少吃点心

作补充。

（5）睡觉前少量吃些小点心，只一点点是不会发胖的，这样夜里就不至于因为饥饿而失眠。

（6）白天多喝蒸馏水和矿泉水，少进食会引起兴奋的饮料和食品。因为教室的冷气在几小时内就可以从体内抽去足足1升水！

（7）减少卧床的时间。如果发现自己睡眠有效性很差，应减少卧床时间，等到提高睡眠有效性之后，再延长卧床时间。

（8）可以在白天多做一些运动。傍晚，尤其在夜晚，应避免做剧烈运动，运动最好在睡前4小时完成。晚上只做按摩或柔软的体操，用来帮助肌肉放松，而非健身。

（9）睡前冲温水澡。若想洗热水澡，应提前到睡前2～3小时，因为入睡时人体体温降低，洗热水澡会使体温太高降不下来，自然没有办法帮助睡眠。

（10）试用蛇麻草枕头。这是治疗失眠的办法，把蛇麻草放进一块平纹捆布里，然后塞在枕头下面。

自我管理箴言

　　早起早睡，养成有规律的生物钟，能起到减压作用。睡眠是最好的保养方法，也是新陈代谢活动中重要的生理过程。

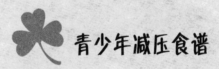 青少年减压食谱

　　现代医学研究表明，人的喜怒哀乐与饮食有着密切的关系。食物可以帮人排解忧愁，可以使人得到感官的快乐和心理的慰藉。这是因为，人的大脑中有一种叫血清素的物质，这种物质有助于镇定人的情绪，解除焦虑和烦躁。

有些食物能促进血清素的分泌，从而给人带来快乐的心情；同时有的食物会使人产生焦虑、愤怒、狂躁的情绪。

营养失调很容易造成人心理上的失衡，如人体内缺钾就会使人容易感到心情郁闷，从而出现萎靡不振、心悸、烦躁不安等症状。选用含钾量较高或是具有消除烦闷等食疗效用的果蔬汁，经常饮用可以调整这些生理和心理不适。

饮食建议：

1. 宜多食富含 B 族维生素类的食物

这些食物包括粗面粉制品、谷物颗粒、酿啤酒的酵母、动物肝脏、坚果、豆芽、深绿色的蔬菜、牛奶及水果等。此类食品可以促进肾上腺分泌抗压力激素，对治疗心情不佳、沮丧、抑郁症都有明显的效果。特别是 B 族维生素中的烟酸，能减轻焦虑、疲倦、失眠及头痛症状。

2. 宜多食富含维生素 C 类的食物

承受较大的心理压力、情绪不好时，身体都会消耗比平时多几倍的维生素 C。而如果缺乏维生素 C 会出现冷漠、情感抑郁、性格孤僻和少言寡语等表现。因此，应该尽可能多地摄取富含维生素 C 的食物。此外，受到某些刺激或恐吓而紧张恐慌的人，也应选择富含维生素 C 的食物，如鲜枣、柑橘、猕猴桃、草莓、菠萝等。

3. 宜多食提高免疫力的营养素

蛋白质、维生素 A、维生素 E、维生素 C、维生素 B_6 以及铁、锌和硒等可提高机体免疫力，宜多摄入富含这些物质的食物。而多摄入全脂奶、肉、鱼、蛋、新鲜的深色蔬菜和水果，可以补充以上营养素，提高机体的免疫力。

4. 宜多吃蔬菜和水果

果蔬中富含丰富的维生素、纤维素、微量元素。如丝瓜性味甘凉，有通络、清热、利尿和防暑解

减压食品

青少年要多吃胡萝卜

毒之功；多食一些苦瓜，口齿备感清爽、胃肠舒适。还有萝卜，可诱生干扰素，具有抗病毒作用。

5. 宜多吃含锌食物

锌是人体不可缺少的微量元素，人体中许多种酶必须有锌参与才能发挥作用，锌对调节人体的免疫功能有十分重要的作用。此外，它能抗感染。有研究证实，每天摄入 50～100 毫克的锌，就可以预防流感。富含锌的食物有海产品、瘦肉、粗粮和豆类食品等。

6. 要保持食物的酸碱平衡

酸性食物中蛋白质含量较多，碱性食物中维生素与矿物质含量较丰富。但酸性食物食用过多会使体液偏酸，引起轻微酸中毒，容易导致风湿性关节炎、低血压、腹泻、水肿、牙龈发炎等疾患。而碱性食物会使体液偏碱性，食用过多容易导致高血压、便秘、糖尿病、骨质疏松症乃至白血病等。机体体液最好是处于酸碱平衡并呈偏碱性的状态，才能保证身体的健康。

在生活中，许多食物有减轻精神压力、调整心情的作用。应根据自己的身体状况和心情去选择这些食物，这样不仅能吃得健康，也能吃出快乐心情。

远离学习压力带来的疾病

英国的研究报告指出，90% 的自杀者患有精神疾病。有人指出 2/3 的自杀者患抑郁性疾病。美国有一回顾性研究，发现 134 例自杀身亡的人中，60 例有躁狂抑郁症病史，31 例是慢性酒精中毒，5 例有慢性脑病综合征，3 例为精神分裂症，2 例为药瘾，25 例诊断不明，但肯定是精神疾病，5 例有内科疾病史，只有 3 例是正常人。显然精神疾病是导致自杀的主要原因，应受到高度重视。有些学者认为一些原因不明的自杀或"意外死亡"，在排除他杀后，应考虑死者患有精神疾病。抑郁症与自杀关系最密切，应引起人们的高度警惕。

抑郁症患者表现为情绪低落，兴趣减少，学习效率低，对未来悲观失望，早醒，精力不足，无明显原因的食欲锐减中，体重减轻，时有轻生念头等。轻者可与环境保持良好的接触，常不易为人们所觉察。抑郁症患者，自杀率约为 10%

谨防忧郁情绪带来的危害

~15%左右。在青少年中，有许多高比例的人患抑郁症，尚无确切的统计数字。因其症状隐蔽，不易被发现，故应引起人们的警惕。下面的例子，可以给我们一些启示。

小晴21岁。她在大学一年级初期学习成绩颇佳。但逐渐感到脑子很笨、发木，心情不畅，消沉、沮丧，对学习无兴趣，对未来缺乏信心，悲观失望。常诉疲乏无力，精力不足，学习成绩下降，以致数门功课不及格，经常回到房间哭泣，少动、少语。哥哥是同校的研究生，经常责备她不争气，于是心理压力更大。老师发现，她情绪低落已经两个多月，认为她患了抑郁症，应找精神科医生及时医治。而她的哥哥否认她有精神病，拒绝医治。老师很同情她，亲自找精神科医生咨询。医生特别提醒应防范自杀。不幸的是一周后，她跳楼自杀身亡。

小文是一名大学生，高中毕业时是班上的优秀生。大学第一学期，她学习成绩名列前茅。半年后，她感到脑子开不动，听不进课，记忆力不佳，疲乏无力，早醒，情绪十分低落，无法继续学习，主动要求回家。父母感到惊讶，误认为她可能因失恋影响了情绪与功课，不仅不给予安慰，反而打了她一顿。她感到十分委屈，诉说自己的抑郁体验，父母依然不能理解。后因她多次想跳河自尽，其母才来找精神科医生诊治。得悉女儿患抑郁症后，其父

有不良情绪时学会和朋友倾诉

亲才如梦初醒。经服药治疗，情况良好。

以上两例抑郁症，起初均未能被亲人觉察。后因处理不同，结果迥异，教训可谓不小。在青少年中不乏类似情况，应引起高度警惕。

无论抑郁症患者，还是正常人自杀，均有一个心理过程。在情绪极低时，他们常有绝望、无助，自认无价值、活着无意义，回忆过去，谴责自己的体验。他们面对现实感到困难重重，展望未来感到悲观失望，认为自己活着是家人的包袱，自杀的念头便黯然而生。

自杀的行动过程可分为三个阶段。第一阶段先出现自杀意念。第二阶段这些意念不断涌现，进而变为行动，但往往是不成功的，因为患者对生与死的选择还存在内心的矛盾。在此阶段仍有求生的愿望。有人统计过，有68%的人流露出自杀观念，约有38%的人表明将要采取行动。在自杀当天向医生求助者仅占7%，故称第二阶段为向外呼唤和求助阶段。如果这个阶段得到有效的帮助，仍可能幸免于死。可惜这一阶段常被人们所忽视。最后阶段，自杀者往往果断、坚决地采取出乎人们意料的行动，成功率极高。

自杀是可以预防的，下列两点不可忽视。

1. 减少压力

青少年的压力不外乎来自家庭、学校和社会。这些心理、社会因素容易导致青少年发生情绪危机，如危机得不到妥善处理，则可能迫使青少年走上绝路。父母和教师应善于了解孩子的内心活动，及时给予安慰、关心与开导，并帮助其解决具体问题。对付危机的方法要因人、因事而异。一般应稳定情绪或诱导宣泄，解除忧伤，帮助他们顺利渡过危机。必要时可到精神科进行心理咨询。

2. 纠正不良性格

不是每个青少年遇到心理创伤和危机都走绝路。自杀的毕竟是少数，这与他们的个性有关。性格内向者，遇到问题不愿暴露；性格中有较多的抑郁倾向者，看问题悲观消极，不易看到事物光明的一面；性格固执者，遇到挫折，则认为事已至此，无法挽回，别无选择，只有一死了之；情绪不稳，趋向极端者遇挫折也易发生轻生念头。

自我管理箴言

> 作为青少年，要纠正不良性格，就应不断从实践中锻炼自己，从克服各种矛盾、冲突中，提高自己的认识水平和应付能力。同时要善于自我控制、自我评价，在克服一次又一次的危机中逐渐成长、坚强起来。

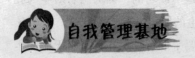 自我管理基地

学习压力测试

来自学习与升学的压迫感是引起压力的最常见原因之一。如果你在学习中感到焦虑不安、不能应付某些事情，或对什么不满，都将增加你所承受的压力。完成下面这份答卷之后，你将能够更加容易地找到你学习的压力所在，并且可以检查这些压力给你的学习所带来的影响。

(1) 你是否经常感到自己能力不够强，以至于无法完成某些学习任务？
（   ）

A. 从不　　B. 不经常　　C. 有时　　D. 经常　　E. 总是

(2) 你是否经常不清楚自己的学习范围和要求？（   ）

A. 从不　　B. 不经常　　C. 有时　　D. 经常　　E. 总是

(3) 你是否经常不知道有哪些适合于你的提高学习成绩的机会？（   ）

A. 从不　　B. 不经常　　C. 有时　　D. 经常　　E. 总是

(4) 你是否经常觉得自己的学习量过大，在一个学习日中不可能完成？
（   ）

A. 从不　　B. 不经常　　C. 有时　　D. 经常　　E. 总是

(5) 你是否经常觉得自己无法满足家长和老师对你提出的学习上的各种要求？（   ）

到大自然中去舒展心情

A. 从不　　B. 不经常　　C. 有时　　D. 经常　　E. 总是

（6）你是否经常觉得自己在学习上不完全称职？（　）

A. 从不　　B. 经常　　C. 有时　　D. 经常　　E. 总是

（7）你是否经常知道老师和家长对你的看法是怎样的，以及他们怎样评价你的表现？（　）

A. 从不　　B. 不经常　　C. 有时　　D. 经常　　E. 总是

（8）你是否经常担心做出某些决定会影响一些你认识的人的生活？（　）

A. 从不　　B. 不经常　　C. 有时　　D. 经常　　E. 总是

（9）你是否经常感觉得不到完成某些学习任务所需的帮助？（　）

A. 从不　　B. 不经常　　C. 有时　　D. 经常　　E. 总是

（10）你是否经常感觉自己被同学们喜欢和接受？（　）

A. 从不　　B. 不经常　　C. 有时　　D. 经常　　E. 总是

（11）你是否经常觉得自己没有能力对老师、家长所做的涉及你的决定和行动施加影响？（　）

A. 从不　　B. 不经常　　C. 有时　　D. 经常　　E. 总是

（12）你是否经常知道和你一起学习的同学对你有什么样的期望？（　）

A. 从不　　B. 不经常　　C. 有时　　D. 经常　　E. 总是

（13）你是否经常认为你所承担的学习任务太多会妨碍它们圆满完成？（　）

A. 从不　　B. 不经常　　C. 有时　　D. 经常　　E. 总是

（14）你是否经常觉得学习中不得不做的事情会影响你的判断力？（　）

A. 从不　　B. 不经常　　C. 有时　　D. 经常　　E. 总是

（15）你是否经常觉得学习打扰了你的日常生活？（　）

A. 从不　　B. 不经常　　C. 有时　　D. 经常　　E. 总是

评分办法：A记1分，B记2分，C记3分，D记4分，E记5分。

15~20分：表明你在学习中几乎没有什么压力，总觉得事情在自己的控制之中。

31~45分：表明你在大多数时间里，都可以很好地控制事情，但某些情况会偶尔引发一些压力。

46~60分：表明你经常觉得自己在承受压力，且可能会失控。在这个级别上，你很可能遭受某些来自于压力的痛苦。

61~75分：表明你身上存在着高度压力，而且已经失控。你几乎肯定要遭受压力的折磨。

我们要以开放的心态面对世界，包容他人，善待自己，发挥优势，舍弃奢望，一切从自己的实际出发，走自己该走的路，干自己愿干的事，这样我们的压力就会减弱。

第五章 领悟记忆方法
——激发记忆带来的学习动力

我们所有的知识积累都有赖于记忆,如果记忆力超群,学识就会非常渊博。准确而敏锐的记忆力是学习与事业成功的基础,因为所有的知识都是建立在记忆的基础上。

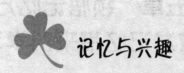

记忆与兴趣

　　谁都希望自己有好的记忆力，有过目成诵的本领。捷克斯洛伐克有个叫米兰·米凯什的人懂得116种语言，达到精通程度的有40种，他能毫不费劲地牢记语法和语句的构造形式，记外语单词和发音，对他更是一件容易的事。为什么他有如此强的记忆力呢？除了记忆的目的性、对材料的理解、记忆信心、记忆方法和技巧以及素质等多因素的作用外，他对外语的兴趣是他记忆力强的重要原因之一。

　　凡有兴趣的事情记得快也记得牢。一般说凡是符合我们需要的事物，我们都能很容易地、自然而然地记住；而对不符合需要的事物，人们则会感到难记。对于学生来说，如果对学习有兴趣，学习任务就会转化为学生自身的迫切需要，就会提高学习的自觉性、积极性、主动性，就会高度集中注意力，就会不断地改善记忆，努力提高记忆效果，在反馈中进一步增强学习兴趣，从而使学习记忆活动朝着学习有兴趣—学习记忆效果好—学习有兴趣的良性循环进行。许多学生正是因为从学习实践中掌握了这一良性循环规律，所以，总是力求理解当天功课的意义，不仅竭力提高对当天功课的理想性兴趣，而且竭力提高对当天功课的实践性兴趣，于是学习记忆的积极性被空前调动了起来，注意力高度集中，思维极度活跃和敏锐起来，记忆能力得到较好的发挥，学习记忆效果倍增。

　　相反，对不感兴趣的事情就记得慢、记不牢，有的甚至记后毫无印象。日本有一位教育家叫福泽谕吉，讲过这样一个故事：

　　有一个书生在江户求学，他把朱子学派的书漫不经心地抄了八百卷，回家时不慎将书掉进河里，他的学问也随即葬入鱼腹。

　　这个故事说明，即使是抄书，如果不是有兴趣的记忆，也会抄过即忘，毫无收获。不感兴趣的事记得慢、记不牢，主要是由于记忆的精神状态不佳，漫不经心，不去有意识地考虑记住它的方法，所以，不但不会记住任何东西，还白白浪费时间。真正的学习，应该是有兴趣的，而不应该是漫不经心的。

自我管理箴言

　　对记忆没有兴趣，是记忆的大敌，是妨碍记忆的最主要的原因。如果对记忆丧失信心和兴趣，往往会导致真正的健忘，从而使记忆活动朝着学习无信心，厌烦—学习记忆效果差—学习无信心、厌烦的恶性循环发展。

 认识我们的记忆思维

　　现代心理学研究证明，人脑含有上千亿个神经细胞，每个细胞有上万个突触，其记忆的容量可以收容一生之中接收到的所有信息。即便如此，在人生命将尽之时，大脑还有记忆其他信息的"空地"。一个正常人头脑的储藏量是美国国会图书馆全部藏书的 50 倍，而此馆藏书量是 1000 万册。

　　在这里，介绍一下关于提升记忆思维的九大法则，以便帮助我们更好地提高记忆力。

1. 利用情景进行记忆

　　人的记忆有很多种，而且在各个年龄段所使用的记忆方法也不一样，具体说来，大人擅长的是情景记忆，而青少年则是机械记忆。

　　比如每次在考试复习前，采取临阵磨枪、死记硬背的同学很多。其中有一些同学，在小学或初中时学习成绩非常好，但进了高中成绩就一落千丈。

利用听觉刺激记忆

这并不是由于记忆力下降了，而是高中阶段知识量是初中阶段的几倍，只有机械记忆、死记硬背行不通了。

2. 利用联想进行记忆

联想是大脑的基本思维方式，一旦你知道了这个奥秘，并知道如何使用它，那么，你的记忆能力就会得到很大的提高。

3. 运用视觉和听觉进行记忆

每个人都有适合自己的记忆方法。视觉记忆力是指对来自视觉通道的信息的输入、编码、存储和提取，即个体对视觉经验的识记、保持和再现的能力。视觉记忆力对我们的思维、理解和记忆都有极大的帮助。

相对视觉而言，听觉更加有效。由耳朵将听到的声音传到大脑知觉神经，再传到记忆中枢，这在记忆学领域中叫延时反馈效应。比如，只看过歌词就想记下来是非常困难的，但要是配合节奏唱的话，就很快能够记下来。比起视觉的记忆，听觉的记忆更容易留在心中。

4. 使用讲解记忆

为了使我们记住的东西印象更深刻，我们可以把自己记住的东西讲给身边的人听，这是一种比视觉和听觉更有效的记忆方法。

但同时要注意，如果自己没有清楚地理解，就不能很好地向别人解释，也就很难能深刻地记下来。所以，首先理解你要记忆的内容很关键。

5. 保证充足的睡眠

我们的大脑很有意思，它也需要充足的睡眠才能保持更好的记忆力。睡眠能保持记忆，防止遗忘，主要原因是因为在睡眠中，大脑会对刚接收的信息进行归纳、整理、编码、存储，同时睡眠期间进入大脑的外界刺激显著减少。我们应该抓紧睡前的宝贵时间，学习和记忆那些比较重要的材料。不过，既不应睡得太晚，更不能把书本当作催眠曲。

有些学习者在考试前进行突击复习，通宵不眠，更是得不偿失。

6. 及时有效地复习

只要复习，就会很好地记住需要记住的东西。不过，有些人不论重复多少遍都记不住要记住的东西，这跟记忆的方法有关，只要改变一下方法就会获得另一种效果。

7. 避免紧张状态

紧张状态对人的记忆力会产生负面影响。虽然说适度的紧张会提高记忆力，但是过度紧张的话，记忆就不能很好地发挥作用。所以，我们在平时应该多训练自己当众演讲，以减少紧张的次数。

8. 利用求知欲记忆

对一个善于学习的人来说，记忆时最重要的是要有理解事物背后的道理和规律的兴趣。一个有求知欲的人即便上了年纪，他的记忆力也不会衰退，反而会更加旺盛。

9. 持续不断地进行记忆训练

要想提高自己的记忆力，需要不断地锻炼和练习，进行有意识地记忆。比如可以对身边的事物进行有意识地提问，多问几个"为什么"，从而加深印象，提升记忆能力。

自我管理箴言

　　人人都有如此巨大的记忆潜力，关键在于如何去开发记忆思维。记忆思维是人们将感知过的事物、思考过的问题、体验过的情感以及操作过的动作，以映像的形式保留在头脑中，在必要的时刻将其重现出来的能力。

 记忆力决定学习成绩

　　美国心理学家梅耶研究认为，学习者在外界刺激的作用下，首先注意选择与当前的学习任务有关的信息，忽视其他无关刺激，同时激活长时记忆中的相关的原有知识。新输入的信息进入短时记忆后，学习者找出新信息中所包含的各种内在联系，并与激活的原有的信息相联系。最后，被理解了的新知识进入长时记忆中储存起来。

　　记忆在学习中的作用主要有以下几点。

1. 学习新知识离不开记忆

　　学习知识总是由浅入深，由简单到复杂，是循序渐进的。我们说，在学习新知识前，应该先复习旧知识，就是因为只有新旧知识相联系，才能更有效地记住新知识。忘记了有关的旧知识，却想学好新知识，那就如同想在天空中建楼一样可笑。如果初中电学中的知识全都忘记了，那么高中的电学就很难学习下去。一位捷克教育家说过，一切后教的知识的根据都是先教的知识。可见，记住先学的知识对继续学习有多么重要。

2. 记忆是思考的前提

　　面对问题，引起思考，力求加以解决，可是一旦离开了记忆，思考就无

记忆是思考的前提

法进行，问题也自然解决不了。假如在做求证三角形全等的习题时，却把三角形全等的判定公理或定理给忘了，那就无法进行解题的思考。

人们常说，概念是思维的细胞，有时思考不下去的原因是由于思考时把需要使用的概念和原理遗忘了。经过查找或请教又重新回忆起来之后，中断的思考过程就可以继续下去了。

3. 记忆好有助于提高学习效率

记忆力强的人，头脑中都会有一个知识的储存库。在新的学习活动中，当需要某些知识时，则可随时取用，从而保证了新知识的学习和思考的迅速进行，节省了大量查找、复习、重新理解的时间，使学习的效率大大提高。

一个优秀生在阅读或写作时，很少翻查字典，做习题时，也很少翻书查找原理、定律、公式等，因为这些知识已牢牢地储存在他的大脑中了，而且可以随时取用。

不少优秀生解题速度快的秘密在于，他们把常用的运算结果，常用的化学方程式的系数等已熟记在头脑中，因此，在解题时就不必在这些简单的运算上费时间了，从而可以把时间更多地用在思考问题上。由于记得牢固而准确，所以也就大大减少了临时运算造成的差错。

记忆可以提高效率

有科学研究表明，学习成绩差一些的青少年在记忆时会遇到两种问题：第一，在记忆任务上有困难。第二，不能恰当地使用记忆策略。

尽管记忆是每个人所具有的一种学习能力，但科学有效的记忆方法并不是每一个学习者都能掌握的。

自我管理箴言

　　在学习中，青少年应该根据课程的学习目的和要求，选择重点，选择难点，选择关键点，然后根据记忆对象的实际情况运用一些记忆方法进行科学记忆，以达到事半功倍的效果，并在自己的学习活动中总结出适合自己学习特点的好方法，运用科学记忆，提高学习成绩，巩固学习效果，真正达到学有所成，学有所用。

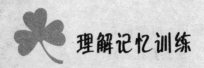 理解记忆训练

所谓理解，用古语来说，就是不仅要知其然，而且要知其所以然。从生理学角度来说，理解就是在已有的条件反射基础上，去建立新的条件反射，并将新旧条件反射组成系统。巴甫洛夫说过，利用已获得的条件反射就叫作理解。理解就是懂得客观事物的意义，实际上就是利用旧知识去获得新知识，并把新知识纳入已有知识的系统中。

理解一件事，在记忆的感觉上好像在走远路，事实上，它却是培养记忆力最快的捷径。

训练一：实现理解过程

要实现理解记忆，我们首先要了解如何实现理解这个过程，我们要知道分析与综合是理解的实质。

如何进行分析与综合呢？具体方法可以分为五步进行。

（1）了解大意。当你记忆某个事物的时候，首先要弄清它的大致内容。拿读书来说，先要通读或者浏览一遍。如果是记忆音乐，先要完整地听一遍全曲。了解了全貌才能对局部进行深刻的理解，这也就是"综合"。

（2）进行局部分析。对事物有了大致了解后，就要逐步深入分析。比如对一篇论文，要弄清它的论点论据，根据结构分成若干段落，逐个找出主要意思，也就是要找出"信息点"，加以认真分析、思考，以达到能编制文章纲要的程度。

（3）寻找重点和关键。也就是韩愈在他的《进学解》中所说的"提要钩玄"。找到文章的要点、关键和难点，并弄明白，牢牢记住。只有在此基础上，才能理解和记住比较次要或者从属的内容。正是"万山磅礴，必有主峰；龙衮九章，但挈一领"。

（4）融会贯通。就是将所理解和记住的各种局部内容，联系起来反复思考，全面理解，这样更有利于加深记忆。

（5）在实践中运用。所学的东西，是否真正理解了，还要看在实践中能否运用。如果应用到实际工作中就卡壳，那就说明并未真正理解。真正的理解是有具体标准的。一是能够用语言和文字解释，一是会实际运用。在实际运用过程中，会继续深化理解。

训练二：做到理解记忆

在学习中，要做到更好地理解记忆，我们不妨从理解记忆的四个特征入手：

（1）与积极的思维活动相结合，通过分析、综合、比较、归类和系统化等思维活动，把握记忆材料的含义、

学会全面思考

范围和结构层次，掌握其本质与非本质特征以及事物间的联系。加强对事物意义的理解和整体结构的把握。

在记忆各种材料时，可以通过思维活动，从不同的角度和层次上去理解材料的意义，以增加多种联系和多角度思考，使记忆材料意义更加深刻全面，进而纳入认知结构系统，形成长时记忆。

（2）运用已有知识。利用已有知识进行新旧知识的联系与对比，找出相同与相异之处，使新材料或融入已有知识体系，或丰富、扩展已有知识体系。学习新知识时，很好地联系已有知识，是理解记忆法的重要一环，个人已有知识越丰富，结构越正确，越有助于理解记忆力的提高。

（3）灵活运用各种记忆策略和方法。针对记忆材料的不同性质、数量和范围大小，及不同学习情景和个人情况，分别采取恰当的策略和方法，能加深理解，增强记忆。

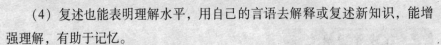

（4）复述也能表明理解水平，用自己的言语去解释或复述新知识，能增强理解，有助于记忆。

理解记忆的四个特征可以衡量理解记忆的运用水平。如果这几个方面做得好，就可以全面、精确、牢固、迅速地提高记忆效果。

首先，我们既然知道了记忆的这种规律特点，那么在记忆的时候就要经常有意识地运用理解记忆，在记忆的时候展开积极的思维，这样才能取得良好的效果。如果在可以运用理解记忆的时候不去运用，而偏偏要使用机械记忆进行无意义的重复，那可就不止事倍功半，而是相差几十倍了。

我们在记忆材料的时候，只要它是有意义的，就应该向自己提出"先理解、后记忆"的要求，把材料分成大小段落和层次，找出它们之间的逻辑关系，而不要从一开始就逐字逐句地记忆。例如背古文，如果不把古文的意思弄懂，那么就会像背天书一样，非常吃力。如果把古文里的实词、虚词都弄懂了，把全篇的中心意思掌握了，这时再背，就是在理解的基础上记忆，背起来就有兴趣得多，也快得多，印象也深得多。而对于那些没有明显意义联系的学习材料，如历史年代、数字、外文单词等，我们可以采用联想、谐音、歌诀等方法去建立起一定的意义联系，帮助记忆，变死记为活记，从而提高记忆的效益。

理解记忆是以理解材料内容为前提的。这种理解不仅是看懂了材料，而且包括搞懂了材料各部分之间的逻辑关系，以及该材料和以前的知识经验之间的关系。要做到真正理解记忆的对象就必须做到：

（1）对识记材料要分析综合，真正弄清事物的意义，概念的含义，所学内容的精神实质。

（2）把所学的知识付诸实践要在运用中重复已经记住的材料，使理解不断加深。

另外需要注意的一点是，我们说理解记忆效率高、效果好，是不是说只要理解了就一定能记住呢？这不一定。对于理解的东西，往往也还需要多次重复才能记住。有的人理解了某个知识点，就以为学习过程已经结束，没有有意识地要求自己记住它，不再重复加深印象，那么，是不可能把知识点完全、准确地记住的，理解了也需要重复记忆。

自我管理箴言

只有理解了的知识，才能记得迅速、全面而牢固。不然，总是死记硬背，那真是吃力不讨好。不要为自己的记忆力不好而灰心，应该反复检查自己是否真正理解了所要记忆的东西。

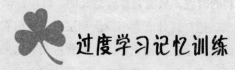

过度学习记忆训练

当你在学习中记住了预定内容后，为更好地巩固记忆而继续学习一段时间，这种记忆方法叫作"过度学习记忆法"。即对学习材料在记住的基础上，多记几遍，达到熟记、牢记的程度。

心理学家的实验证明，低度学习的材料容易遗忘，过度学习的材料则比恰能成诵的材料保持得好一些。过度学习法的精神实质可能大多数同学在学习过程中或多或少都有所体会。所谓过度学习不要误解为"过分学习"或"疲劳学习"，它是指把练习进行得超过那种刚好能回忆起来的程度，其目的是要强化记忆。

强化记忆，即通过加大刺激强度和提高大脑细胞的兴奋程度来提高记忆牢度。一般知识和平常事物，如同过眼烟云，而遇险的场景、受辱的情景和自己用心思考写成的文章却终生难忘，其差别在于后者刺激强度大。一次严肃的考试，你很容易答出的题会很快忘记其内容，而很费劲才答出的题或者没有答上来的题，会长时期不忘。这在心理学中叫作"蔡戈尼效应"。

根据这一原理，想让大脑对要记的东西产生刺激，记得更牢固，在学习上就可采取过度学习记忆法。如读十遍刚好把教材记住，若就此停止，不再练习，可能很快就会忘掉。为了使记忆能保持久远，应再多加练习，这多加的部分称为"过度学习"。如学骑自行车，学会之后，必须再不断地练习，直到熟练，以

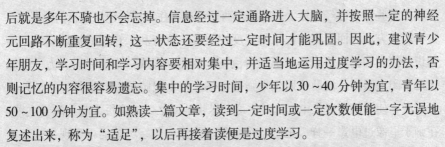

后就是多年不骑也不会忘掉。信息经过一定通路进入大脑，并按照一定的神经元回路不断重复回转，这一状态还要经过一定时间才能巩固。因此，建议青少年朋友，学习时间和学习内容要相对集中，并适当地运用过度学习的办法，否则记忆的内容很容易遗忘。集中的学习时间，少年以 30~40 分钟为宜，青年以 50~100 分钟为宜。如熟读一篇文章，读到一定时间或一定次数便能一字无误地复述出来，称为"适足"，以后再接着读便是过度学习。

德国著名记忆心理学家艾宾浩斯曾做过这样一个实验，他列出几组 16 个无意义的音节，到刚好能背诵之后，有一组无意义音节他又再多读了 8 次，有一组再多读了 16 次，直至最多读了 64 次。间隔 24 小时后，艾宾浩斯再复习了这些音节直至能背诵为止。结果发现，保持的百分比几乎与他学习时能够背诵后所多读的次数相当，即多读 8 次，就能多保持 8%，读 24 次则多保持 23%，超读 64 次的则多保持 64%，并且这个数字成了"极限"。也就是说，过度学习能提高记忆的保持量（记住量），保持量的多少与超额学习的遍数（在一定范围内）成正相关。所以当你在对复习材料刚达到能背诵的程度后，请不要马上停下来或转移记忆对象，应继续多读几遍。这样有利于记忆的巩固，提高复习效率。

由于过度学习记忆是一种机械记忆，一般用于对材料的复习。这就需要强迫自己去记住那些不易记住而又必须记住的材料，其主要特点是反复记忆，舍得下功夫，还需要注意掌握一些记忆的基本技巧。

1. 闭上眼睛想

这是一种记忆与回忆相结合的方法。记忆包括"记"和"忆"两个环节，记是储存信息的过程，忆是提取信息的过程。有的人在学习的时候，喜欢抱着书本背个不停，这好不好呢？当然，我们不能说他不好，但最好的方法是记忆和回忆、反思相结合。因为回忆可以检测

闭上眼睛可以让思想高度集中

出我们哪些东西已经记住了，哪些东西还没有记住，增加记忆的目的性。

另一方面，回忆要比记忆的速度快很多，也有利于知识的提取训练，使知识的储存和提取两个环节都变得流畅！读完一课或一本书以后，为了加深记忆，闭上眼睛，借助于回想来强化记忆。闭上眼睛可以断绝外界的种种视觉刺激，使思维高度集中。这时，可以尽快地回忆。如能每天晚上睡觉之前，在脑子里像过电影一样，把一个个场景、画面或数字、单词再显现出来，比你以后再找大量的时间来学习，效果要好很多。

2. 拿起笔来写

好记性不如烂笔头，最淡的墨水也胜过最好的记忆。在写东西的时候，你会对你所记忆的内容作进一步的思考，印象就更加深刻。

3. 讲给别人听

讲的途径有多种，回答问题是讲，同学间相互提问回答也是讲。这样有助于促进思维的敏捷和连贯，从而加深记忆。

记忆须反复练习，不断使用，才能牢固。相信自己有能力，相信自己能够创造奇迹，赶快行动起来吧！领先一步，你就是赢家！

自我管理箴言

过度记忆法不是没有时间和次数的限制，"适足"的时间或次数则效果不够显著，过多的过度会使人疲劳、厌倦、注意力涣散。相信通过以上内容的阅读，你一定有所收获，也一定会有很大的启发！

 增强自己的抽象记忆力

抽象记忆与其他基本记忆一样，都应以理解为基础，脱离开理解，单纯用抽象记忆，它就变成了死记硬背。同样，如果撇开语词逻辑记忆，而单纯运用意义记忆，那就不易于把材料的基本思想和逻辑关系记住。可见抽象记忆与理解记忆两者既有区别，又有密切联系。

抽象记忆与人的抽象思维密切联系。随着人们抽象思维的发展和培养，人们头脑中的语词符号、数字符号、各种公式、定律、概念等逐渐丰富，抽象记忆的能力越来越强。对他们来说，词语表述的逻辑思想，容易被记住。正如许多有关专家很容易记住专业符号和逻辑意义那样，这也是因为，经过长期专门教育和训练，他们牢固地掌握了有关符号系统，懂得它们所代表的含义，并能熟练地运用它们。

有些学生由于知识经验不足，记忆抽象符号和逻辑意义材料有些困难，而不了解掌握它们的深远意义，因而对抽象材料、符号系统产生厌倦情绪，这对个人发展和学习提高都非常不利。

我们可以通过训练来提高抽象记忆的效果，提高抽象记忆效果的办法有四点：①充分认识掌握有关概念、理论的意义，调动学习的内在动力。②具有浓厚的兴趣，强烈的欲望。③借助形象记忆法及其他记忆方法。④勤奋努力，坚持不懈。许多科学家对所从事专业的理论及大量的概念、定律、公式及有关符号理解透彻，记忆准确，都与他们对所从事专业的重要性认识充分、兴趣浓厚和善于运用记忆方法有密切关系。

著名数学家陈景润在谈到他的治学和成功时说："多年攻读数学，既不分节假日和星期天，平时也听不到下班的铃声。这种专心致志培养了我对数学如醉如痴的感情，以至于经常弄出一些让人们见了很不理解的笑话。"他还深有体会地说："我只要一钻进数学这个自然科学的王国里，外面的事就都忘掉了。在充满公式、数字和符号的世界中，我感到兴趣盎然，富有奇特的诗意。有时为了证明一个定理，我往往采取几种甚至十几种不同的方法，通过不同的途径，反复进行演算，稿纸塞了一麻袋又一麻袋。"可以看出陈景润教授的成功应该归因于他对数学浓厚的兴趣、专心致志、勤奋努力及其高度的执着和忘我精神。

一个人如果具备了这些高贵的品质，就没有攻克不了的科学难点。有许多学生害怕数理化，害怕抽象的内容，认为抽象的理论难学，进而归因于自己不适合学这方面的知识，其实这是错误归因。不是你脑子笨，不是你不适合学数理化，而是缺乏陈景润的治学精神，如果你也能像陈景润那样对待学习，你也能攻克科学难关，取得大的成就。

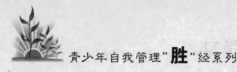

形象记忆与抽象记忆综合运用效果更好。形象记忆法直观易记，但许多内容，特别是书本知识，大多是间接知识，需要借助语词符号去记忆。一般来说，抽象材料为对象的抽象记忆难保持，不易回忆。在学习活动中，如果把两种方法结合使用，相互取长补短，效果较佳。在许多记忆技术中，有时强调用形象记忆法，但同时要注意辅之以抽象记忆法；有时强调用抽象记忆法，但也要注意尽量用形象记忆法去配合。两种记忆方法配合运用效果好，之所以好，是因为它符合个体心理发展的规律和大脑两个半球的功能特点。

从个体心理发展来看，随着个体年龄的增长，两种记忆都在发展。实验研究指出，如果把小学二年级学生运用直观形象记忆和语词逻辑记忆效果的指标假定为100，在以后的年龄阶段，这两类记忆的发展水平为：在形象记忆方面，初中一年级学生为134，高中一年级是175，成人为207；在语词逻辑记忆方面，初中一年级学生为193，高中一年级为252，成人为306。可见，两种记忆都在发展，而语词逻辑记忆发展的速度更快。在各种心理活动中，对于无论是直观记忆材料，还是语词逻辑记忆材料，都是大量需要，不可或缺的。学习记忆活动中，能够有意识地综合运用两种记忆方法不仅能促进记忆的发展，而且能够获得促进记忆的效果。

再从大脑两个半球的功能来看。1981年长期从事割裂脑研究的美国人R. W. 斯佩里教授获得了诺贝尔生理学或医学奖。这是因为他从大量病例和数以百计精确的科学实验中发现，大脑两个半球各有其功能上的优势，语言功能主要定位在左半球，该半球主要负责语言、阅读、书写、数学运算和逻辑推理等；而知觉物体的空间关系、情绪、欣赏音乐和艺术等则定位于右半球。换个说法就是左半球记忆的材料侧重于语言、逻辑推理、数字和符号等，它是以抽象思维和记忆为优势；而大脑右半球记忆的材料则侧重于事物形象、音乐形象、空间位置等，它是以形象思维和记忆为主。科学实验研究指出，人类大脑两个半球各具有相对独立的功能优势，而在正常情况下，它们通过胼胝体相互联系，协同活动。

大脑两半球功能特点的发现，是近年来关于人脑最新的，同时也是具有特别重要意义的发现。在教育和教学中如能正确运用这一理论，施以科学的教育和训练，将使大脑潜能得到开发。有心理学家说：当一边（半球）"加"另一边时，结果将增大五倍、十倍，甚至更多。

　　在记忆活动中，我们应该有意识地将两种方法结合使用。首先将记忆当作"录像带"精心制作，应把各种形象清晰地记录下来。日本品川嘉也教授说："靠左脑记语言，靠右脑记形象，二者结合起来，作为完整的记忆存放在脑子里。回想的时候，先引出形象，而后再用左脑把它变为语言。"品川教授把两种记忆方法如何结合说得很清楚。例如，一提起泰山，在我们脑中首先毫不费力地浮现出雄伟壮观的泰山表象，然后再想到有关泰山的语言或文字描述。在记忆其他事物时，也运用形象记忆法，先把记忆的对象变成一张画或一个图形，使事物的形象鲜明、清晰地浮现在脑中，然后再用语言、文字符号有条理地表述出来。这样既容易理解，又容易记。如学地理时，一边填地图，一边记，就容易多了。

自我管理箴言

　　青少年不仅要重视抽象记忆方法（这是在学习中常用的），而且还应重视形象记忆法。后一方法常被忽视，因而许多人呼吁：开发人的右脑潜能。更加重要的是经常综合使用两种方法，发挥大脑两半球的功能优势，这是提高记忆效果的好方法，也是促使人成才的重大战略措施。

培养注意力增强记忆

　　学习成绩的差距有时并不是由于智力，而是由注意程度的差距造成的。只有集中注意力，才能获得满意的学习效果；如果在学习时分散注意力，即使是花费很长时间，也不会有明显的学习效果。下面简单介绍几种训练注意力的方法。

　　（1）把收音机的音量逐渐关小到刚能听清楚时认真地听，听 3 分钟后回忆所听到的内容。

（2）在桌上摆三四件小物品，如瓶子、铅笔、书本、水杯等，对每件物品进行追踪思考各两分钟。在两分钟内思考与某件物品的一系列有关内容，比如思考瓶子时，想到各种各样的瓶子，想到各种瓶子的用途，想到瓶子的制造，造玻璃的矿石来源等。这时，控制自己不想别的物品，两分钟后，立即把注意力转移到第二件物品上。开始时，较难做到两分钟后的迅速转移，但如果每天练习10多分钟，两周后情况就大有好转了。

（3）盯住一张画，然后闭上眼睛，回忆画面内容，尽量做到完整，例如画中的人物、衣着、桌椅及各种摆设。回忆后睁开眼睛再看一下原画，如不完整，再重新回忆一遍。这个训练既可培养注意力集中的能力，也可提高更广范围的想象能力。或者，在地图上寻找一个不太熟悉的城镇，在图上找出各个标记数字与其对应的建筑物，也能提高观察时集中注意力的能力。

（4）准备一张白纸，用7分钟时间，写完1～300这一系列数字。开始前先练习一下，感到书写流利、很有把握后再开始，注意掌握时间，越接近结束速度会越慢，稍微放慢就会写不完。一般写到199时每个数不到1秒钟，

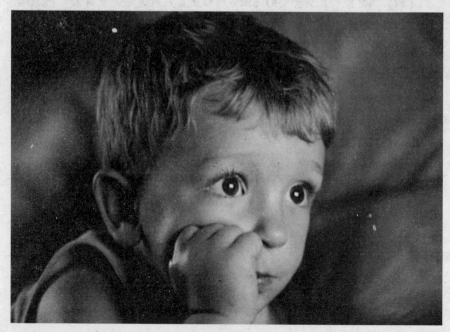

要学会培养注意力

后面的数字书写每个要超过1秒钟，另外换行书写也需花时间。

要求所写的字能看清，不至于过分潦草；写错了不许改，也不许做标记，接着写下去；到规定时间，如写不完必须停笔。

结果评定：第一次差错出现在100以前为注意力较差；出现在101～180间为注意力一般；出现在181～240间是注意力较好的；超过240出差错或完全对是注意力优秀。总的差错在7个以上为较差，4～7个为一般，2～3个为较好，只错1个为优秀。如果差错在100以前就出现了，但总的差错只有一两次，这种注意力仍是属于较好的。要是到180后才出错，但错得较多，说明这个人易于集中注意力，但很难维持下去。在规定时间内写不完则说明反应速度慢。将测验情况记录，留与以后的测验做比较。

（5）从300开始倒数，依次减少3位数。就像300、297、294一样，倒数至0，记下倒数所耗的时间。倒数时必须读出声，如果读错了，就在原数的基础上开始读，如"297"错读成"296"时，就得重新读"297"。在做测试之前要找出规律。比如，每数10次就有一个"0"（270、240、210……）出现，个位数呈现的规律是出现了周期性变化。

结果评定：2分钟内读完为优秀，2.5分钟内读完为较好，3分钟内读完为一般，超过3分钟为较差。

（6）任选3个思考题，但是要保证这3个题在内容上是不能有联系的。例如：科研方面、数学思考题、工作计划、小说、电影情节、旅游方面或自己成长过程中的任意经历都行。选好题目之后，用3分钟的时间思考每一个题目。在思考中，必须全神贯注，不能走神，更不能去想另外那两个题目。思考完一道题之后，马上对下一个题进行思考。

自我管理箴言

我们有各种各样集中注意力的训练方法，随时随地都可以根据情况而定。比如，我们在等人或者等车的时候，四周都是喧闹和繁杂，此时我们就能背一些书或者进行一些两位数的乘、除心算训练，这种训练必须要集中注意力才能进行。

用生活细节增强记忆力

　　据科学家研究表明，乙酰胆碱对许多脑神经元突触起着化学递质的作用，乙酰胆碱可以增进记忆。有人曾利用注射毒扁豆碱的方法来提高记忆力，因为注射毒扁豆碱能提高神经元突触处的乙酰胆碱的效用。但是，到目前为止，我们还不知道这种方法到底有多少实用价值。因而，心理学家和教育学家很少有人把提高人类记忆力的期望寄托在记忆药丸或记忆注射上，所以，生活中我们还是应该注意用最实用的方法来提高自己的记忆力。

　　现在有很多人注意食物营养的搭配和治疗作用。研究表明，用食疗的方法可以延缓人们随着年龄的增长导致的记忆力的衰退和丧失。所以，日常生活中应该注意食物的摄入量和搭配，这样才能够为自己的记忆质量提供保障。下面是有助于提高记忆的几种食物，不妨在生活中注意这些食物的摄入量，以达到提高记忆力的目的。

睡前养成喝牛奶的习惯

　　（1）牛奶。牛奶富含蛋白质、钙及大脑所必需的氨基酸。而牛奶中所含的钙是最易被人吸收，并且也是脑代谢不可缺少的重要物质。此外，它还含有对神经细胞十分有益的 B 族维生素等。所以，睡前喝一杯热牛奶有助于缓解脑神经疲劳，帮助入睡。

　　（2）鸡蛋。实验证明，当蛋黄中所含丰富的卵磷脂被酶分解后，能产生出丰富的乙酰胆碱，而乙酰胆碱与大脑活动功能、记忆力强弱有着很大的关系。当乙酰胆碱进入血液后又会很快到达脑组织中，可以增强记忆力。国外研究证实，每天吃1～2只鸡蛋就可以向机体供给足够的乙酰胆碱，对保护大脑提高记忆力大有好处。

（3）鱼类。鱼类可以向大脑提供优质的蛋白质和钙。而且淡水鱼所含的脂肪酸多为不饱和脂肪酸，不会引起血管硬化，对脑动脉血管无危害，相反还能保护脑血管，并对大脑细胞活动有促进作用。芬兰的科学家研究证实，沙丁鱼含有大量的脂肪酸，所以，人每周至少应该食用两次沙丁鱼。

（4）味精。味精的主要成分是谷氨酸钠，它在胃酸的作用下可转化为谷氨酸。谷氨酸是参加人体脑代谢的唯一氨基酸，它能够促进智力发育，对改善智力不足及记忆力障碍有很好的帮助。而且，味精会使脑内乙酰胆碱增加，因而对神经衰弱症也有一定的疗效。

（5）花生。花生中富含卵磷脂和脑磷脂，这些都是神经系统所需要的重要物质，能延缓脑功能衰退，抑制血小板凝集，防止脑血栓形成，改善血液循环、增强记忆、延缓衰老，是名副其实的"长生果"。

（6）小米。小米中所含的维生素 B_1 和维生素 B_2 分别是大米的2.5倍和2倍，其蛋白质中含较多的色氨酸和蛋氨酸。吃小米有防止衰老的作用，还有益于脑的保健。

（7）玉米。玉米胚芽中富含亚油酸等多种不饱和脂肪酸，有保护脑血管和降血脂作用。尤其是玉米中含谷氨酸较高，能帮助促进脑细胞代谢，常吃鲜玉米具有健脑作用。

（8）黄花菜。黄花菜又叫忘忧草，能安神解郁。为防止中毒，以干品和煮熟吃为好。

（9）辣椒。辣椒是维生素C含量较高的一种蔬菜，胡萝卜素和维生素含量也很丰富。辣椒所含的辣椒碱能刺激味觉，增加食欲，促进大脑血液循环。

（10）菠菜。菠菜虽廉价而不

吃花生有利于增强大脑记忆

起眼，但它属健脑蔬菜。菠菜中含有丰富的维生素 A、维生素 C、维生素 B_1 和维生素 B_2，是脑细胞代谢的"最佳供给者"之一。此外，它还含有大量叶绿素，具有健脑益智作用。

（11）菠萝。菠萝中含有很多维生素 C 和微量元素锰，而且热量少，常吃有生津、提神的作用。

自我管理箴言

　　青少年在补充营养的基础上，还应该注意其他增加记忆力的方法。比如按摩，用拇指和食指从上到下轻轻地按摩整个耳朵，或用手指按压太阳穴。这些方法会促进血液流动，消除记忆障碍和增强记忆力。同时还应该注意睡眠，因为，睡眠有助于恢复体力和脑力，并且有舒缓压力、增强记忆力的功效。打呵欠和伸懒腰也可使脑细胞活跃起来并恢复清醒状态。记忆力迟钝，而且不断发生错误时，就要打呵欠和伸懒腰，这将有利于脑力的恢复，有助于记忆力的增强。另外，经常运动并多听一听莫扎特的奏鸣曲也有利于提高记忆力。

体会在"玩中记"的乐趣

　　有效的提升记忆力方法就是适当地进行科学练习，通过练习大量可靠、有效且针对性强的专业题目，一步一步开发大脑，把潜能挖掘出来。把爱玩的天性和好奇的天性结合起来，让我们从下面的趣味游戏中，体会在玩中学，在学时玩的乐趣。

1. 汉字巧记法大聚会

慧慧最不喜欢的就是默写了，因为她觉得识字很枯燥，所以默写也总是

管理好学习 在主动自发中快乐学习

唐宋八大家之苏洵

出错！妈妈见此非常着急，于是找到语文老师，向老师反映这个情况。班里像慧慧这样默写总是出错的人不在少数，语文老师决定要教给大家一个有效的记忆方法。既然觉得识字枯燥无趣，那就找一个形象记忆的方法吧！

想一想，语文老师的高招妙法究竟是什么呢？

答案：

（1）拆字记忆法。如，"戴"（土字头，田字腰，共产党，扛大刀）、"坟"（加减乘除少一点）、"明"（日也亮，月也亮，合在一起真明亮）。

（2）字谜记忆法。如，"闹"（综合"门市"部）、"卡"（上，上不去；下，下不来）。

（3）比较记忆法。如，"买"与"卖"（买东西时，花去十元钱；卖东西时，得到十元钱）、"乌"与"鸟"（鸟眼尖，如逗点）。

（4）故事记忆法。如，"狱"（两只狗在吵架）、"潺"（三个孩子不听话，在水里游泳淹死了，三具尸体漂上来）、"聪"（小朋友想变得聪明，上课要用"耳"听，用"眼"观，用"口"读，用"心"记。）

（5）形象记忆法。如，"碧"（一个王姑娘，穿着白衣裳，坐在石头上，美如碧玉）、"婆"（一个女子真有趣，她跟皮球睡一头，三个学生来观看，还是皮球睡上头）。

（6）否定词记忆法。如，"甭"（不用）、"歪"（不正）、"孬"（不好）。

2. 巧记"唐宋八大家"

一提唐宋八大家，吕静就滔滔不绝。她的同桌李小跳觉得很不可思议。因为他自己总是记不住，今天记住了，明天就忘了，记住这个了，那个就忘了！所以，李小跳特别佩服吕静的记忆力，李小跳决定好好向吕静请教。

吕静告诉他："唐宋八大家是指唐宋两个时期八位散文代表作家的合称

（分为唐二家和宋六家）。在语文书上的古诗文单元里，王安石、韩愈、柳宗元、欧阳修、苏轼等八人的作品还是挺多的。简单说来，唐宋八大家，即唐代的韩愈、柳宗元和宋代的苏洵、苏轼、苏辙、欧阳修、王安石、曾巩。"

"这些名字多难记啊！"李小跳为难地说。

"韩柳曾欧王，三苏八家藏。"吕静说，"这样记会容易些！你试试看吧！"

其实，除了吕静说的这个方法，还有别的记忆方法。请你试着总结一下看看。

答案：

巧记法（1）："寒柳三鼠望晨阳"（冬天，一棵柳树下面有三只小老鼠一起抬头看着早晨的太阳。）——韩（寒）愈柳（柳）宗元、苏洵、苏轼、苏辙（三鼠）、王（望）安石和曾（晨）巩、欧阳（阳）修。

巧记法（2）：糖（唐）含（韩）硫（柳），送三酥（宋代的苏洵、苏轼、苏辙），王正呕（王安石、曾巩、欧阳修）

巧记法（3）：

唐二家：韩、柳（指韩愈、柳宗元，在我国古代文学史上，文有韩愈、柳宗元，犹如诗家之中有李白、杜甫，他们齐名并称，成为中国文学史上熠熠闪光的名字）。

宋六家：

一宰相——王安石（宋神宗时的宰相，被列宁誉为"中国 11 世纪的改革家"）。

二师徒——欧阳修、曾巩（曾巩是欧阳修的得意门生和积极追随者，文风也与欧阳修最为接近，俩人并称欧曾）。

三父子——苏洵、苏轼、苏辙（苏轼即著名的苏东坡，苏洵系其父，苏辙乃其弟，合称三苏）。

3. 巧记"的"、"地"、"得"

小新造句子、写作文，经常把"的"、"地"、"得"用错，这让他很苦恼。

一天，他对好朋友小璐说了他的烦恼。

小璐说："的"、"地"、"得"很常用，有很多人在使用时不知所措，我有一个巧记的办法。"接着，小璐就把这个办法告诉了小新。

小璐的方法是：

词搭配，讲方法，"的"、"地"、"得"，辨明白。名词前，要带"的"；动词后，"得"跟走；动词走，"地"带头。

"还有一个方法！你多分析分析句子，找一找规律！"小璐卖起了关子。

请问：另一种是什么方法呢？

答案：

另一种区分方法是：

形容词＋的＋名词，例如，疯狂的球迷。

副词＋地＋动词/形容词，例如，认真地对待。

动词＋得＋副词，例如，跑得飞快。

4. 巧记"尧"字边

在课外活动课上，西西对大家说："我要被这些字折磨疯啦！"说着，她把折磨她的字写了下来：烧、浇、晓、绕、挠、侥、饶、荛、娆、桡。

"是啊，稍一马虎就会写错。"翔翔附和着。

"我们怎么才能区分这几个字呢？"小奕问。

"我倒是有一个不错的方法！"钟强马上给大家讲了起来。

你知道钟强讲的是什么方法吗？

答案：

用火"烧"，用水"浇"，东方日出是指"晓"。左边绞丝弯弯"绕"，换上提手是阻"挠"。依靠旁人为"侥"幸，丰衣足食才富"饶"。带草成"荛"带女"娆"，"桡"字木旁少不了。"尧"字一共是六笔，多加一点对不了。

5. 巧记"栅"、"删"、"珊"、"姗"、"跚"

一天，语文课上，老师让大家一起默写生字。等练习收上来后，老师说："刚才我们默写了'栅'、'删'、'珊'、'姗'、'跚'，有不少同学出现了错误。希望大家对出错的字多进行练习，争取尽快掌握。"

"我默写错了好多，这一关该怎么过啊！"悠悠对好朋友晓梦说。

"你找一找规律嘛。"晓梦说，"只要掌握了生字的规律，默写就不成问题了。"

"那怎么找规律呢？"悠悠又皱起了眉头。

"我有一个方法！'栅'（木条围成）、'删'（用'刀'剔除）、'珊'（像玉美丽）、'姗'（似女孩形态）、'跚'（走路样子），这样对生字的音、形、义归类比较，可以加强辨认和记忆，促进能力的提高。"晓梦耐心地跟悠悠介绍。

"真有意思！"悠悠赞叹起来！

"还有一种叫作组词法！这个你自己来试试看吧！"晓梦鼓励悠悠。

同学们，你们会吗？

答案：

词辨：栅栏，删掉，珊瑚，姗姗来迟，蹒跚。

6. 化繁为简记忆法

钱林和几个同学一起做作业。

钱林问："形近字真难记，我上一次默写，错了一大半！还被老师批评了！唉！""其实，这些字也好区分的！"邱晨说。"那你是不是有什么好办法？"钱林高兴地问。"我用的是化繁为简记忆法。"邱晨毫不保留。"那你能教教我吗？"钱林诚恳地问。

"好啊，我的方法是……"邱晨说着就耐心地讲解起来。

同学们，你们知道这种化繁为简记忆法吗？

答案：

不妨用化简记忆法记忆形体相关联的字，形成联想，这样字会掌握得更快更牢些。

（1）马、笃、骂，鸟、鸣、乌、呜、鸡、鸭、鹅、鸪、鹏、鸢、鸳、鸯……

（2）口、日（白、百）、田（亩、苗）、甲（呷）、由、申（坤、伸、抻、呻）、电……

（3）艮、良、狼、狠……

（4）甬、俑、蛹、踊、桶、痛、勇……

（5）乜、也、他、池、地、驰、弛……

7. 巧记《孙子兵法》

《孙子兵法》是中国古典军事文化遗产中的璀璨瑰宝，是中国优秀文化传统的重要组成部分。作者为春秋末年的齐国人孙武（字长卿）。运用故事记忆法记忆《孙子兵法》里面的十三篇：始计第一，作战第二，谋攻第三，军形第四，兵势第五，虚实第六，军事第七，九变第八，行军第九，地形第十，九地第十一，火攻第十二，用间第十三。

答案：

一只（一计）母鸡参加动物界的第二次世界大战（二战），被敌军的三只公鸡（三攻）抓住，随后被判处死刑（四形），结果被敌军一个善良的护士（五势）从一堆牛屎（六实）中救走了。

护士犯了欺君（七军）之罪，被判罚喝下很多白酒（八九）。她酒醒（九行）后，跟母鸡一起逃了出来，路上遇到了她们的死敌（十地）——三只公鸡。

这三只公鸡用火围攻一群婴儿（十二火），于是母鸡和护士赶紧拨打（十一九）电话，把火扑灭了。她们把受伤的婴儿送到医院，医生用剪刀（十三间）给这些婴儿进行手术，最后把婴儿治好了。

最后，母鸡和护士被颁发了和平勋章！

自我管理箴言

> 英国著名的哲学家路德维希·维特根斯坦曾经说过："人的各种思想，归根到底就是各种各样的语言游戏。"而语言的外在表现形式就是文字，所以说我们不能小看文字游戏，文字游戏不但玩起来其乐无穷，而且可以提高我们的记忆力，让我们大有收益。

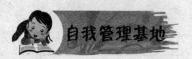

自我管理基地

学习记忆测评

测试一：评估你的数字记忆能力

让一个朋友读出如下次序的数字，你的任务是以同样的次序复述这些数字。试试看你做得怎么样。

18 13 71 43 7 58 2 9 6 5 4 16 25 34 95 19 20

结果：少于 5 个，差；5 ~ 9 个，中等；多于 9 个，好。

测试二：评估语言记忆的能力

看一下下列词汇并试着记住它们——不要把这些词汇写下来。你有 1 分钟的时间。

木偶　火车　上衣　毯子

汽车　足球　椅子　裤子

桌子　摩托车　谜语　沙发

帽子　玻璃球　直升机　袜子

现在把这些词语遮住，然后尽可能多地把这些词语写出来。

结果：少于 5 个，差；5 ~ 9 个，中等；多于 9 个，好。

你注意到这些词有什么特殊规律了吗？如果没有，再看一次。如果你看得仔细，你将会发现这些词可以被分成 4 个主要类别（玩具、交通工具、家具、服装）。增强记忆最简捷的方法之一是将有关项目按类别组合。这能降低记忆的负荷，从而使记忆更加容易。

测试三：经历性记忆

这一类型的记忆往往有不同的种类。试试看回答以下问题：

（1）你的祖母叫什么名字？

（2）你的出生地是哪儿？

（3）你第一个喜爱的玩具是什么？

（4）你小时候最喜欢吃什么？

（5）你小学时的绰号叫什么？

（6）你的祖父是怎样维持生计的？

（7）形容你祖父的外貌。

（8）想一件你 5 岁前收到的礼物。

（9）想象一下你成长的房子第一扇门是什么颜色？

（10）你小时候的邻居是谁？

（11）你能回忆起上小学第一天的情景吗？你穿什么衣服？

（12）你的第一位老师是谁？

（13）你小时候最顽皮的一件事是什么？

（14）你最早的记忆是什么？

（15）你 11 岁时的同桌是谁？

（16）哪位老师你非常不喜欢？

（17）你能否记起在学校用心学过的文章？

（18）第一个让你心动的人是谁？

（19）你第一个约会的人是谁？

（20）第一个伤你心的人是谁？

（21）11 岁时，谁是你最好的朋友？

让自己的记忆大放光彩

（22）你记忆最深的第一个假期是什么？

（23）你记忆中最早的节日是什么？

（24）描绘一件你喜欢的玩具。

（25）你什么时候学的自行车？

（26）谁教会你游泳的？

（27）你第一个真正的朋友是谁？

（28）你童年最喜欢的游戏是什么？

（29）你5岁时最喜爱的电视节目是什么？

（30）你的第一个纪录是什么？

（31）你在小学时最喜爱的体育运动是什么？

（32）你对较早之前的往事有没有一个深刻的记忆？

（33）有没有一种特殊的气味能使你生动地想起往事？

（34）你的第一只宠物叫什么名字？

（35）你给喜爱的玩具起了多少名字？

（36）你能不能详细地记起11岁前的考试片段？

（37）你5岁前最喜爱的歌曲是什么？

（38）你11岁之前是否有自己的朋友圈？列举两位朋友。

（39）你能否记得小时候幸运避免家长责罚的一些事情？

（40）你童年时生的最严重的一场病是什么？

（41）你一生中最美好的回忆是什么？

（42）你有没有童年的挚友阔别已久后再次见面？

（43）你是否记得高中时的一些数学公式？

（44）相对于最近发生的事，你是否更容易记得往事？

（45）你能否记得当你听到北京申奥成功时，你身处何地？

结果：30项以下，差；30项，中等；超过30项，好。

大多数人在这个测试中都能完成得很好，基本上能回答30多道题。一旦你开始回答这些问题，你就会促使自己回想更多的往事。这种回忆的感觉会持续很久，也许还能促使你拿出一些旧照片或纪念品，给老朋友打电话，或者找寻失去联系的朋友。一旦你的永久记忆受到激发，它将发挥巨大的功能，你会惊叹于你能回忆的所有细枝末节。

你可能会发现以上有些事情比其他的更容易记得。如果当时有重要事件发生或该事件对你有着不同寻常的意义，那么记起自己当时在哪儿或在干什么就容易得多。这是因为，我们没有必要记住我们生活中的每一个时刻。我们的记忆会自动地对信息进行筛选，于是我们就会忘记我们所没有必要知道的东西。

测试四：语义性记忆

语义性记忆是我们自己对事实的个人记忆。试试回答以下问题：

（1）葡萄牙的首都是哪里？

（2）《仲夏夜之梦》的作者是谁？

（3）青霉素是谁发明的？

（4）"大陆漂移说"是谁提出的？

（5）太阳的第五颗行星是哪一颗？

（6）曼德拉是在哪一年被释放的？

（7）十月革命在哪一年？

（8）一支足球队有多少名运动员？

（9）圭亚那位于哪个洲？

（10）在身体的哪个部位可以找到角膜？

（11）到达北极圈的第一位探险者是谁？

（12）《物种起源》的作者是谁？

（13）与南美洲相接的是哪两个大洋？

（14）比利时的首都是哪里？

（15）静海在什么地方？

（16）第一次世界大战的起讫日期？

（17）卷入水门事件丑闻的美国总统是哪一位？

（18）拿破仑最后被放逐到什么地方？

（19）色彩的三原色是什么颜色？

（20）《热情似火》的女主角是谁？

结果：你知道的少于 10 个，差；11～15 个，中等；16～20 个，好。

我们的语义性知识会随着许多不同的因素而变化，例如你来自何方、你的年龄、兴趣等。要扩展你在已经有所了解的方面的语义性知识是比较容易的。

第六章　掌握学习技巧
——工欲善其事，必先利其器

　　"工欲善其事，必先利其器。"如果我们想做好一件事，很重要的一点就是拥有精锐的工具，具备适当的手段。对于学生而言，学习不仅仅是要掌握知识，更重要的是要学会如何学习。老师传授的知识是会被遗忘的，但正确的学习方法则会使我们终身受益。

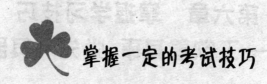

掌握一定的考试技巧

1. 正确对待考试的态度

（1）要获得好的成绩，但不做分数的奴隶。一般而言，分数高低，是学习好坏的一个重要标志，但这有个前提，高分应该是建立在对基础知识深刻理解，对概念、定义、定律、公式、法则、词汇、写作等的灵活运用的基础上。只有这样，高分数才能和知识的获得、智力的发展相一致。

（2）把考试作为提高的新起点。正常的考试像镜子一样，反映出学习的真实情况。考试中暴露出来的问题得到了认真的解决，就又向前迈进了坚实的一步。

（3）一次失败不等于永远失败。人人都会有考试失败的经历，这并不可怕。关键是能不能从失败中总结经验和教训，争取在下一次考试中成功。如果因为一次失败而失去信心，那就真的是要永远失败了。

（4）加强对自己能力的培养。现在，考试往往重视能力的测试，而不仅仅是靠背诵就能得高分的。所以，要想在考试中获得好成绩，就必须加强对自己能力的培养，这也是社会的一种需要。

（5）以科学的态度参加考试。有些同学平时成绩很好，可一到考试，特别是大考时就发挥失常，这是考试态度不端正引起的。正确、科学的态度应该是把考试看成是对所学知识和能力的检查，成功了，说明自己前一段学习效果好；失败了，现在补救还不晚。以科学的态度参加考试，一般都能发挥正常水平。

2. 考试期间应采取临时性保健措施

考试期间，同学们一直处于紧张疲劳之中，如果是夏天，天气炎热，更容易患病，这对考试极为不利。所以，要注意身体的保护。下面介绍几种临

管理好学习　在主动自发中快乐学习

时性保健措施：

（1）考前一个月内坚持每天口服 1 片维生素 C，确保体内有足够的维生素。

（2）考试期间，不宜吃得过饱，不要吃刺激性食物，饮食应以清淡为主。

（3）每场考毕，家长、老师不要过多询问考生的考试情况，考生也不要和同学们对答案或进行比较，应尽量放松。上午考完后，要抓紧时间休息，备战下一场考试。家长不宜在中午时间内过多打扰考生。

（4）女生在高考前要计算一下考试期间是否是月经期，如果是，应和家长、医生商量一下，做好各种应急准备。尤其是平时月经期身体有不适者，如有痛经或其他不良反应者，事前做好各种准备，以免到时手足无措。

（5）做好预防各种疾病，特别是传染病的准备。

3. 考试前应做好准备

只有做好各种准备，才能取得好的考试成绩。复习备考时付出了许多劳动，为的是在考试中取得好的成绩，但多日的劳动也许会因为一时的疏忽而付诸东流。因此，考试前还应做好以下准备工作：

（1）提前核实考试地点，不要等到考试那天早上才去到处找考场，免得因不能按时找到考场而引起不必要的惊慌，影响答题时间。

（2）搞清考试时间，准时到达，免得匆匆忙忙，坐到考场半天了还静不下心来。

（3）在考试前一天晚上保持清醒的头脑，不要为了多温习一点功课而导致自己在考场上头昏脑涨。

（4）在考试的前一天晚上，要准备好考试时使用的笔等学习用品允许带进考场的其他用具、表格等。

4. 利用好"临阵磨枪"

判断"临阵磨枪"是否正确，要用辩证的方法。一方面，我们认为"临阵磨枪"是下下策，不是学习的好方法。"临阵磨枪"有可能带来好的成绩，但那也只是暂时现象，知识很快就会从头脑中"跑"掉，更危险的是这一表面成绩会给一些同学造成假象，被眼前的成绩所迷惑，沾沾自喜，心满意足，不利于学习。从另一方面来说，"临阵磨枪"也有可取之处，平时把枪磨好了，临上阵前再抛抛光，就会好上加好。

事实上，每个同学都难免"临阵磨枪"这一行为，那么，怎样利用好"临阵磨枪"呢？

（1）"临阵磨枪"有时也会考出好成绩，但同学们不能被眼前的假象所蒙蔽，应该在学习不太紧张的时候再次复习。

（2）"临阵磨枪"属于短时记忆，记得快，忘得也快。短时记忆的印象不深，因此事后要反复记忆，变短时记忆为长时记忆并加以保存。

（3）考试前的短时间内，使用"临阵磨枪"，先把思路理清，把知识点归纳一下，按重点、次重点逐级分开，从重点开始依次往下复习。这样，即使时间不够了，没复习完，剩下的也是不太重要的知识。考试后再对这些知识进行系统学习，这样的"临阵磨枪"是有效的。

 自我管理箴言

> 知识的掌握要靠平时的积累，通过"临阵磨枪"学到的知识是不扎实的，采用上述方法就是为了在一次"临阵磨枪"之后尽量避免或少出现"临阵磨枪"的现象，青少年学生一定要谨记这一点。

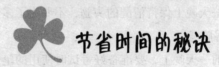

节省时间的秘诀

古人讲，一寸光阴一寸金。鲁迅先生说，时间就像海绵里的水一样，只要你挤，总还是有的。达尔文说，我从来不认为半小时是微不足道的时间。也有人说，用分来计算时间的人比用时来计算时间的人时间多59倍。

1. 做个和时间赛跑的人

生命的旅程中，时间的脚步从不会为某一人，某一事而停留，如何正确利用、把握时间显得尤为重要。

汉弗莱读小学的时候，他的外祖母过世了。外祖母生前最疼爱他，汉弗莱无法排除自己的忧伤，每天在学校操场上一圈又一圈地跑着，跑得累倒在地上，扑在草坪上痛哭。

那哀痛的日子，持续了很久，爸爸妈妈也不知道如何安慰他。他们知道与其骗儿子说外祖母睡着了，还不如说实话："外祖母永远不会回来了。"

"什么是永远不会回来呢？"汉弗莱问道。

爸爸说："所有时间范畴的东西，失去了都永远不会再返回。你的昨天逝去了，那就永远成为昨天，你不能再回到昨天。爸爸也有你这么小的时候，可是爸爸再也不能像你这么小了。你有一天也会长大，会像外祖母一样老。你将来用掉的时间，它也永远不会回来了。"

从这以后，汉弗莱每天放学回到家里，在家里的院子里面看着太阳慢慢地沉到地平线以下，他就知道这一天真的是快过完了，虽然明天还会有新的太阳，但今天的太阳永远不会回来了。

时间过得非常快，在汉弗莱幼小的心里不仅觉得时间过得快，还有悲伤

做个和时间赛跑的人

的情绪在蔓延。有一天，他放学回家，看到太阳快落山了，就下定决心："我要比太阳早回家。"他飞快地跑回家，站在院子前气喘吁吁的时候，看到太阳还露出半边脸，就高兴地跳了起来，那个时候他觉得自己赢了太阳。从此以后他就经常做这样的游戏，有时和太阳比赛，有时候它还和西北风赛跑，有时老师布置的一个暑假的作业，他10天就做完了。那时他才上三年级，但往往总是把五年级的作业拿来做。

每一次比赛赢过时间，汉弗莱愉悦的心情都是无法用语言形容。

在后来的20年里，因为这件事情他受益良多，尽管他知道人永远不可能赢过时间，但是人可以比自己原来有的时间跑快一步，如果跑得快，有时可以快好几步，虽然只是很小的步子，但是却有很大的用途。

2. 时间都去哪儿了

更好地利用时间，我们就能获得更多的机会。要想赢得时间，首先必须明了时间是怎样被耗费的。而要想知道时间的耗费情况，又必须先记录时间。我们应该养成勤于记录时间消耗的习惯。办法是在做完一件事之后，立即记录下所耗费的时间，每天一小结，连续记一周、两周或一个月，然后进行一次总体分析，看看自己的时间究竟用到了什么地方，从中找出时间浪费的原因。

专家研究证明，凡是这样做的人，对节省时间、提高效率收效甚大。现在人们常常把"应该"花费的时间，看成是实际已经花费的时间，而这两者往往是不相等的两个量。如果人们问一位领导者："您今天上午做了什么，花了多少时间？"答曰："起草报告花了三小时。"其实，在这三小时中，他喝茶、抽烟花费了18分钟；中途休息了两次，花费了23分钟；与同事聊天，花费了27分钟；接三次电话，花费了5分钟，这样总共花费了73分钟，实际上真正用于起草报告的时间只有1小时47分钟。可见浪费的时间是多么惊人。因此，进行时间消耗记录，对时间使用进行统计分析，对每个人提高时间利用率，是一件十分重要的工作。

合理安排自己的闲暇时间，对人生是一种丰富，对事业是一种催化。

3. 合理规划时间

在规定的时间里进行学习，这是研究学习方法的专家们所推荐的学习方法的重要法则之一。

合理规划自己的时间

（1）有效利用时间要做到以下几点：

·把必须做的事情和可做可不做的事情清清楚楚地分开。

·先从重要的、难度较大的事情做起。

·要有一个切实可行的学习时间表。

·正确使用空闲时间。

·要把学习用具放在手头，以便随时取用。

·在学习过程中不要胡思乱想。

·要真正钻进去，养成埋头苦干的习惯。

·要掌握阅读和书写的正确方法。

·选择适合自己性格的作息时间。

（2）杜绝浪费时间须改掉的习惯。

·脑子里想别的事。

·心神不定。

·找东西。

·不时喝茶和上厕所。

·写日记、写信和看信。

·在笔记本上乱写乱画。

·被电视、收音机的节目分了心。

·被别人的活动和欢笑声分了心。

·闲谈。

·打盹。

请抓紧点滴时间，好好努力，向着你的目标前进吧！

 自我管理箴言

　　积攒时间就像存钱一样，想一下子就存大钱，容易有挫折感。应该每天存一点点，10元也好，20元也好，慢慢存下去，不久后就会很可观了。

 课堂上如何记笔记

　　人的大脑不可能事无巨细都能完整记下来，而一旦做了笔记，就不必有心理负担了。而科学大师似乎无一例外都重视笔记，因为笔记是读书的消化、扬弃过程。笔记是将他人的东西转变为自己东西的一个必然过程。

　　1. 符号笔记法

　　是在教科书、参考书和其他书原文的旁边标注不同的符号，如直线、双线、黑点、圆圈、曲线、箭头、红线、蓝线、三角、方框、着重号、惊叹号、疑问号等，这样方便找出重点，让我们印象深刻，或者提出疑问。不同的符号代表不同的意思，这是靠自己控制的。对于比较长的段落，可以用圆圈、三角或阿拉伯数字标出层次，让意思更加清楚明白、逻辑清晰，方便记忆和掌握。

管理好学习 在主动自发中快乐学习

课本上做记号的一些准则：

（1）读完之后再标明记号。在还没有将整个段落或有标题的部分读完并停下来思考之前，不能在课本上标记号。通过这个过程，你就不用抓住表面看上去好像很重要事实上并不重要的部分。通过阅读的过程，要辨别出作者是在讲一个新的概念，还是说用不同的词来说明同样的概念是一件特别难的事情，只能等念完了这一段落或部分以后，才能回过头来看出这些重复的内容。

（2）善于选择。不要一下子在很多项目下画线或草草写上许多项目。这样会使记忆负担过重，并使你在同一时刻从几方面来思考问题。要少做些记号，但也不要少得使你在复习时又只好将整页内容通读一遍。

（3）用自己的话。页边空白处简短的笔记应该用自己的话来写，这是因为自己的话代表自己的思想，以后这些话会成为这一页所述概念的一些有力的提示。

（4）简洁。在一些简单但是有意义的短语下画线，而不是在完整的句子

课堂上要学会记笔记

(143)

下面画线，页边空白处的笔记要简洁。它们在你的心里留下深刻的印象，在你背诵和复习的时候用起来就简单得多了。

（5）快速。你无法用一整天的时间来做记号。首先需要阅读，再返回去大致复习一下接着做记号，然后再读下一部分。

（6）整齐。但是做到这一点需要的是有意识的努力，时间并不重要。当你复习的时候，整齐的记号会为你节省很多时间并鼓励你学习，这是由于整齐的记号能让你很容易就能领略书中的思想。

（7）将事实和概念分门别类。分门别类的事实和概念，比起随便编排的事实和概念要容易记得多。

（8）尝试用相互对比的方法。比如，你发现第 64 页上的观点与第 28 页上的观点有一定的联系的时候，你可以在旁边画一个方向朝上的箭头，并标上"28"。接着翻到第 28 页观点旁边，画一个方向朝下的箭头，写上"64"。通过这种方式，你就可以将两种思想在你的大脑里连接，并在你复习的时候结合在一起。

（9）系统。尤其要注意画在字句下的单线或双线、重点项目旁的星号、圈号和框架的用法以及注释在书页的上面和下面的空白处。但要记住前后一致，这样你才能在复习时记得它们都代表什么。

应当提醒一下，在课本上做记号能够有效地帮助学习和复习，但必须小心谨慎，要开动脑筋。否则，只会徒劳无益——不过是另一种逃避真正的回忆、思考和复习的方法。如果不认真思考所学的内容，仅仅画线、画框架，将问号和符号插进去。只会制造出一种好像已经读过其内容的假象。另外，如果过多地在课本上做记号，就会达不到目的。当重新阅读的时候，就好比在译解密码，而不是在复习概念。

最后一点是在书上做记号的"你"并不等于复习时候的"你"。随着"知识"的增长，你在 10 月或 11 月觉得似乎重要而画上线，画上框号、圈号、星号、问号以及评价过的、反对过的内容，到了 1 月或 6 月会被认为是很平常的了。这样，原先所做的记号反而会妨碍你复习。所以，要利用做记号能给你的益处，而不要做得过分。

2. 批语笔记法

就是把该书的学习心得，随时随手在书上加上批语，如在原文顶端或后

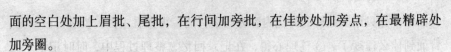

面的空白处加上眉批、尾批，在行间加旁批，在佳妙处加旁点，在最精辟处加旁圈。

在课前预习也是可以的，或者在老师上课前或课后自己复习的时候都行。对于书本中的重点内容，例如在课文中的字、词、句、注释、文字常识等下面，注上圆点、曲线、直线、虚线、双线、波浪线、加框等，也能将老师讲课的重点、要点和难点以及自己不懂的一些问题和评价随时写在书页空白的地方。这种记载的方式很方便，阅读、听课、标记同时进行，对以后学习过程中的复习和巩固知识有特别重要的作用。

3.5R 笔记法

是记与学、思考和运用相结合的有效方法。具体包括：①记录（Record）。在听讲或阅读过程中，在主栏（详见图表）内尽量多记有意义的论据、概念等讲课内容。②简化（Reduce）。下课以后，应尽可能及早将这些论据、概念简明扼要地概括（简化）在回忆栏（见图表）。③背诵（Recite）。把主栏遮住，只用回忆栏中的摘记为暗示，尽量完满地叙述课堂上（或阅读中）讲过（或读到）的论据和概念，不要求机械地叙述，而是用自己的话，尽可能是充分理解意义上的叙述，再打开主栏查证你叙述过的内容。④思考（Reflect）。将自己当时听或读的想法、意见、经验体会之类内容，与讲的内容区分开，写在卡片或笔记本的某一单独部分里，加上标题和索引、编制成提纲、摘要、分成类目，并随时归档重编。⑤复习（Review）。每周花10分钟左右时间快速复习笔记，主要是先看回忆栏，适当看一看主栏。

这种5R笔记法，几乎适用于一切课堂讲授或阅读笔记。使用5R笔记法，需要一定的准备，按照上图用一大型活页笔记本来做。要有大的型号，这样就能有足够的空间慢慢地做有意义的记录，注上一些例句，画图解释。使用活页是为了能够让使用的人根据记载年月日的顺序将讲义、作业等插入其中。笔记只在每页的一面记载。做活页很容易。在任何一页的地方，离左边起占全页宽度近1/3处画一条直线，左边是回忆栏，右边是主栏，主栏中记课堂笔记。

简单说起来，5R笔记记法的步骤如下：①准备工作，制活页。②记录，在主栏中记的课堂笔记（或读书笔记），以简单段落形式，笔记的类型使自己的情况而定。③整理，将主栏内容简单化，为背诵、复习、思考作指导用。

④回忆，先只用回忆栏的简化内容为线索背诵，再查看主栏，校对自己回忆、背诵到什么程度了。⑤整理心得，在记录回忆、整理过程中，时时记下个人的见解感受和观点等。⑥复习工作，每天或每周利用简短时间复习记录的简化部分内容。

这种方法，刚开始用的时候可以先以一门学科为例进行训练，接着再不断地熟悉，然后再广泛运用。另一种方法是，先制出活页，记下讲课和阅读的东西，尽可能在回忆栏中做，以保证自己逐渐增加数量、项目，提高速度。

 自我管理箴言

好记性不如烂笔头，也就是说在课堂上我们要注意记笔记。不要以为你当时记住了就学会了，有时候也许你就会觉得当时你会的东西就不会了，所以记笔记绝对是有好处的。

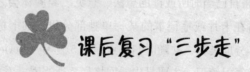
课后复习"三步走"

一般说来，复习的时间最好安排在第一次学习后的半天、一天、三天、七天、半个月后，分次进行。同时，要注意合理安排，即要合理组织复习和分配时间，不要集中在一段时间内复习，这样做容易疲劳，收不到复习的好效果。

开始复习时，次数尽量多些，时间间隔短些，内容可少些，以后再慢慢减少次数，延长时间，扩大复习范围。

课后复习可以分四步进行：尝试回忆，钻研教科书，整理笔记，看参考书。

1. 尝试回忆

就是不看书，独立地把老师讲的内容回想一遍。这就是自己考自己，逼着自己专心致志地去动脑筋。这样做有四点好处：

（1）可以检查每天听讲的效果。如果自己能够回忆出全部或大部分内容，就证明自己的预习和上课是有收获的。效果是好的，从而增强了认真预习和专心上课的信心。如果相反，就应当及时寻找原因，改进预习和听讲方法。

回忆时，可以边回忆边对照书本，也可以先回忆后看书。为了使自己专心回忆，也可以在草稿纸上把回忆的主要内容写出来。

（2）可以提高自己的记忆能力。因为尝试回忆是一种积极主动的活动，具有专心和开动脑筋两个特点。学过的知识，回忆一遍就会巩固强化一次。

（3）要积极主动地去看书和整理笔记。每次试图回忆的时候，肯定会有一部分想不起来，很着急地去翻书、翻笔记是很正常的现象。这样提高了看书和整理笔记的自觉性，积极地将自己已经忘了的部分当作重点来看，从而有目的地看书和整理笔记。

（4）养成爱动脑筋的好习惯。课后就接着看书必然比尝试回忆省力，却无法留下深刻印象，往往没有好的效果。试着去回忆，要追求思考的过程，要总结上课的主要内容，如果想不起来，还要用尽各种方法寻找回忆的线索，这样很费脑子，一个时常回忆的学生，不但会提高自己的记忆力，还会养成经常动脑筋的好习惯。

养成思考的习惯

2. 钻研教科书

做完尝试回忆后，最好从头到尾一字一句地去研究课本，因为书中记载的都是需要记住的最基本的概念和最基础的知识，需要认真思考。对于已经理解和记住的部分，不用在上面花太多的时间，要把时间花在回忆不起来或者不太记得，没有多少印象的部分。

在研究教材时，你可以把书上重要部分、新的概念和容易忽略的部分用彩色笔勾画一下，在书上空白的地方，也能记载一些自己的简单感想，或总结概括课本的内容和语言。这样对记忆有好处，由于记上一些带提示性的话，为以后查阅时在批注中迅速地得到启示有帮助，方便回忆起书中的有关内容。

3. 整理笔记

笔记本不应当仅仅成为上课的记录本，而应当把它变成一份经过提炼加工的适合自己用的复习材料。

在做笔记整理时，先要将上课遗漏的部分补上，再将记得很模糊的部分改过来。假如平时下功夫把笔记整理好，在整体复习时，打开笔记本你就知道下一步该做什么了，因为笔记索引清晰，中心明显，内容简单，将有关知识和易错的问题联系在一起，也就不需要再突击查旧书、翻材料，也不用重新思考和临时归纳了。这样就能节省很多时间，只需要看看笔记本，就能快速回忆起相关的旧知识。总而言之，整理笔记是将知识深化、简化和系统化的过程，是有着强烈的个人学习特点的，对未来的复习材料很有用，要把它保存好。

4. 看参考书

课后复习时还要适当看一看参考书。①首先，要选好参考书。在老师的介绍下，每门课程可以选定一本主要的参考书，而其他作为一般参考书。②要首先看教科书，在对知识基本理解后，再去看参考书。③围绕中心问题看参考书。老师当天讲授的内容，或自己发现的疑问，都可作为看参考书的主要内容，先看主要参考书的有关部分，至于别的参考书的相应部分，也是大同小异，因此，对照起来看，也是很快的，不会占去很多时间。④要做好笔记，把参考书中的精彩部分、精彩题目，摘录进笔记本。

自我管理箴言

　　青少年在复习时，复习的次数相对要多一些，间隔的时间也相对要短一些。经常复习，随着记忆巩固程度的加深，每次复习的间隔时间也可越来越长，到了一定的时候，知识就能牢固记忆，不复习也不会忘记了。

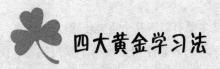

四大黄金学习法

对于青少年而言，适宜的学习方法就是"利器"，它可以帮助我们更顺利、更有效地完成学习任务。下面为青少年学生介绍四种方法，仅供参考。

1. 程序学习法

程序学习法又名编序学习。它是美国现代著名的学习心理学家斯金纳提出的，把学习材料重新编排，符合自己的学习速度，从而较容易地达到学习目标的一种学习方法。现在认为，程序学习法应用于培养习惯和矫正行为上是行之有效的。

（1）程序学习要求具备两项条件：第一，学习者要有一定的积极反应。第二，在反应之后要立即强化，如果强化迟缓，效果将明显减弱。

（2）用程序学习法来学习要经过以下四个步骤：①积极的反应。如练习传球时，球到手后要立即投射出去。②及时强化。对于学习者训练（学习）的结果要立即予以强化，动作做对了就要巩固。错了要及时矫正。③采取小步子进行，必要的动作一个个练习直到熟练为止。在能够不断连续正确解答的前提条件下，可将学习的步子（阶级、间隔）变得更小些，便于去除指导（线索、暗示等），丢掉拐杖后，尽快独立地学习下去。④自己控制速度。根据自己的进展速度，不能急于求成，从慢到快，以利学得扎实，学得牢靠。

2. 发现学习法

这是美国心理学家布鲁纳倡导的一种学习方法。发现学习，就是由学习者在学习中自行发现问题、发现知识，自己去研究、总结和概括，进而得出结论。布鲁纳认为，要培养具有发明创造才能的人才，不但要掌握基本概念、基本原理，而且要发展对待学习的探索性态度，大力提倡发现法。他提出，发现法有许多优点。首先，由于学习者亲历发现事物的关系和规律的过程，能产生兴奋感、自信心，从而提高内部动机。其次，能使学生掌握发现的方法，培养提出问题、解答问题的能力和端正创造发明的态度。另外，由于学生自己把知识系统化、结构化，所以能更好地理解、掌握和保持知识，并能更好地运用知识。

运用发现学习法主要有以下几个重要步骤：

（1）提出问题。学习者在学习中要善于发现问题、提出问题，进行归纳整理，确定要解决的问题（可分主要问题和次要问题），从而激发学习的兴趣，调动大脑思维的积极性。

（2）确立假设。针对提出的问题，学习者综合运用自己已有的知识，找出已有知识和所提问题的大体逻辑关系，确立解决问题的方向和办法。

（3）检验（验证）假设。通过理论研究、实验探索、深刻讨论等方法，对已确定的假设进行检验。证实假设是对的，就坚持它、发展它；证实假设是错误的，就修正它或放弃它。经过反复验证，学习者在分析、比较、归纳和综合的基础上得出正确结论，从而学到新知识。

猜想可以促进学习效率提高

发现学习法与强调记忆的传统学习法迥然不同，它要求学习者把重点放在对问题的探索上去，要求通过逻辑思维、实践检验等方法得出科学的结论。这种方法，要求学习者突破传统观点的束缚，多思善疑，敢于提出新见解、新观点并进行大胆探索，这对于培养创造力是十分重要的。

　　3. 猜想学习

　　这是一种伴随猜测、揣度进行学习的方法。猜想学习能通过熟读精思、细心揣摩，从而达到融会贯通、透彻理解和掌握读物的内容与形式的目的。猜想不是胡乱猜想、主观臆测，而是从"已知"去推测"未知"，从学习内容的实际出发，进行合乎逻辑地推测揣摩、理解文意。

　　猜想学习的内容和形式不同，方式方法也是多种多样的。例如：

　　（1）疑难字词的猜测。阅读中遇到某些疑难字词，只要能分析它的结构，把握上下文的含义，就能进行猜读。

　　（2）奇文妙语的猜测。遇到奇文妙语，依照其创作规律、结构特点进行思索揣度，从而发现其奥妙所在。

　　（3）自问自答猜测。就是在学习过程中，勇于提出问题，善于分析研究、自己解答问题。

　　4. 推测学习

　　就是在正式学习前，对所学内容先进行一定的推理判断，然后在学习中加以验证。这样做有利于加深理解知识内容，有利于知识的巩固。一般包括：

　　（1）题义推测。就是从书名、目录、标题开始，从而推测出整篇文章（或某一章节）的主要内容及发展脉络。

　　（2）内容推测。运用这种推测需要有两个基础，一是要抓住文章前提，二是要抓住作者的思路。所谓文章前提，就是指文章中已阅读过的部分。这个部分是下部分未阅读内容推测的出发点。任何文章的发展都有其内在必然性，都有可追寻的基本线索。这就要求对已阅读过的部分的内容进行粗略的整理，找出核心内容。抓前提就是要抓根本、抓关键。以小说为例，要抓主要人物和主要事件；以数学为例，要抓基本公式和基本定理。

　　内容推测，除了正确把握文章前提外，还要正确地理清作者的思路，以联系和发展的观点读书，用逻辑形式加以合理的推测。以文学作品为例，每一个重大事件都有它的酝酿、产生、发展、高潮、持续、结局、影响的过程，如果我们能理清这样一条基本线索，运用合理的逻辑思维形式，是不难做出正确的推测的。

自我管理箴言

　　找到适合自己的学习方法还不够，更重要的是将这种方法固定下来，成为一种习惯，这样才能帮助我们更好地学习。

学会提高自己的思考能力

　　读书离不开思考。只有注意力集中，读书才会有收获。事实上，就思考本身来讲，也是一种学习方法。倘若读书只是"雨过地皮湿"，不愿动脑子去思考，即使你读了万卷书，也仅仅是读读而已，不会有大的收获。

　　卢瑟福是个大科学家，一次，他走进实验室看到一个学生伏案工作，便走过去亲切地问道："这么晚了，你还在做什么？"学生回答："我在工作。"卢瑟福又问："那你白天在干什么呢？"学生道："我在工作呀！"卢瑟福又进一步问："那么你早晨也工作吗？"学生自豪地仰起脖子说："是的，教授，早上我也工作。"卢瑟福迟疑了一下说："那么这样一来，你用什么时间来思考呢？"

　　有些人看上去一天到晚都很忙碌，每天争分夺秒地看书学习，如果问一个简单问题，他也能回答出来，可是如果问他一个比较深入的问题，他就回答不上来了。这样，学习效率显然是不高的。

　　孔子说过："学而不思则罔。"这句话说明了学习与思考的关系，也强调了思考的重要性。曾在国际数学奥林匹克竞赛中获奖的林英豪同学，他的父母认为思考远比记忆珍贵，因此从小就刻意培养他的思考能力，给了他许多

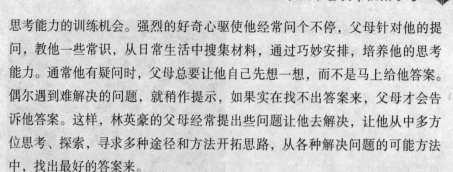

思考能力的训练机会。强烈的好奇心驱使他经常问个不停，父母针对他的提问，教他一些常识，从日常生活中搜集材料，通过巧妙安排，培养他的思考能力。通常他有疑问时，父母总要让他自己先想一想，而不是马上给他答案。偶尔遇到难解决的问题，就稍作提示，如果实在找不出答案来，父母才会告诉他答案。这样，林英豪的父母经常提出些问题让他去解决，让他从中多方位思考、探索，寻求多种途径和方法开拓思路，从各种解决问题的可能方法中，找出最好的答案来。

爱因斯坦说过："学习知识要善于思考、思考、再思考，我就是靠这个学习方法成为科学家的。"

我们要掌握思考这一开窍的钥匙。不论学习什么知识，还是从事哪种工作，都要经常思考，找出更好的办法，取得更大的效果，从而获得更多的成功。要经常自言自语：我是要创造历史，还是死记他人创造的历史呢？我要创造历史！创造未来！充分发挥你的创造力，由此促进思考，避免以惰性为借口。

生活中，很多人认为思考本身是很乏味的，抽象的，让人迷惑的，这与使人昏昏欲睡的认识不无关系。那么，思维导图在帮助并启动我们思考方面就显示出了特有的魅力与价值，成了帮助我们理清思路的创造性工具。

为了让我们神奇的大脑转动起来，保障我们每天顺畅地思考，并提高思考能力，可以从以下几个方面入手。

1. 排除多余的干扰

当我们针对要解决的问题进行思考的时候，一定要避免其他次要想法的干扰，因为我们的大脑里每天都有数千个一闪而过的想法产生，

读书需要思考

其中很大一部分会起到干扰的作用，使我们难以清醒地专注于我们想要思考的问题。

如果采用思维导图的形式，可以在罗列关键词的同时，进行比较和筛选，有效排除多余的干扰，让思考更集中。

2. 紧紧围绕主题

一般，我们一次只思考一个主题，这时，我们必须命令我们的大脑集中注意力。也许，这种命令在起作用前需要几分钟时间，需要我们耐心地帮助我们的大脑关注于我们思考的主题。

养成随时思考的好习惯

这样做的好处是，可以迅速激活我们的大脑，使它运转起来，获得我们想要的想法。

这个思考的主题可以作为思维导图的关键词放在节的中心位置。

3. 关心一下自己的感受

如果当你绞尽脑汁，还是很难围绕所要解决的问题启动思考时，那么，你可以尝试着关注一下自己的内心感受，把这些感受写在思维导图上。问问自己在思考过程中，产生了什么感受，并顺着这些感受展开与内心的对话，说不定会瞬间打开思路，获得意外的惊喜。

4. 养成随时思考的习惯

当思考成了一种习惯，无疑会对你有很大的帮助。让大脑经常处于工作状态，很容易发动你的思考过程，获得解决问题的有效方法。

平时，借助思维导图，你可以对身体发生的任何事情随时随地进行评价、质疑、比较和思考。利用思维导图无限发散的特性，可以让思路更清晰有力，哪怕是胡思乱想，也会为你所关注的问题找到满意的答案。

自我管理箴言

只有当我们的思考借助思维导图，并与思维导图完美地结合在一起，才会更容易帮助我们获得源源不断的想法，这些想法不仅新奇而且富于创造力。

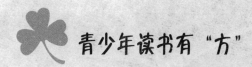
青少年读书有"方"

戏剧大师莎士比亚说过，书籍是全世界的营养品，生活里没有书籍，就好像没有阳光；智慧里没有书籍，就好像鸟儿没有翅膀。追求杰出卓越的青少年，一生离不开读书。生活中，许多人热爱读书，有着像饥饿的人扑到面包上一样如饥似渴的劲头。

可是，他们读了许多书却收效甚微，这是为什么呢？原因恐怕有两个，一是"消化不良"——读得太快了，操之过急，犯了贪多嚼不烂的毛病；二是"营养不全"——只读教材，其他方面的阅读没有跟上去。这就是读书无方的症结所在。

下面为青少年朋友介绍几种读书的方法，以供借鉴：

1. 兴趣引导法

兴趣是学习最好的老师。我们不要为了读书而去读书，而是要真正把读书当成自己生活中的一部分，当成一种兴趣。这样，你才可以坚持下来，去快乐地读书。

2. 循序渐进法

读书不能急于求成，一定要按照老师提出的进度和要求，仔细阅读前面的内容。等弄通弄懂了，再往下阅读。

高效读书要有技巧

3. 专门精读法

著名学者梁实秋曾说过这样一句名言，桌上永远只放一本书！这句话虽然有些夸张，但确实是他的读书秘诀。

4. 互相切磋法

一个人苦思冥想，体会往往有限。要善于与周围的同学、老师交流。陶渊明说："奇文共欣赏，疑义相与析。"这是一种很好的自学方法。

数不清的事实表明：读书和数量没有关系，重要的是"精"。这决定于你有没有合理的系统和计划，在这个系统和计划之间有没有良好的逻辑关系。例如你读诗，某段时间可以专门读唐诗，而在另一段时间里则可以专门读李白，在你精读了李白的一些经典的作品以后，写点感想，再看一看有关李白的评论文章，让自己与世界最杰出的人物对话，使自己提高到一个高层次上。

5. 读写结合法

知识在于积累，积累在于记忆。解决"记不住"的问题，实行"读写结合法"是很有益处的。历史上的著名学者、文学家都是这么做的。唐代大诗人白居易，读书愿意下苦功，口诵笔录，以致"舌生疮，肘生茧"。明末清初复社文人张溥，读完一遍书就默写一遍，往往要读写七遍才算停止，最后索性将自己的书斋命名为"七录斋"。想一下，我们假如把书本中的难点反复读写，也会达到古人说的"书读百遍，其义自见"的。

6. 博览群书法

读书既要往深里读，也要往广里读，每个读书人都要做到"博览群书"。浅层次上看，"博览"会浪费我们很多的时间，但是，正是靠"博览"，拓宽了我们的知识面，开阔了眼界，连文化素质、道德情操也都在"博览群书"中潜移默化地提高了。依靠渊博丰富的知识，增强了我们观察世界、认识世界的能力，连处理问题以及创新能力都会得到无法想象的提高。

7. 不求甚解法

这是东晋大诗人陶渊明颇为自得的读书方法。他认为，读书当有效率，不能为一个两个问题而影响整体。所以，他主张，对于某些暂时不懂的问题，暂且放过，先通读全书，了解总体，然后回过来，再细细推敲。

8. 深思求疑法

学问学问，要学就会有"问"。有了"问题"，找到了答案，也就有了"学问"。我们要学会自己发现问题，从而主动地研究问题，寻求答案。这里的关键在于读书要"深思"。杰出人士们能在阅读中进行批判性思考，也能在阅读中汲取前人思考的精华，进而将之融合，并在新的思考中进行创造。

9. 实践验证法

检验真理的唯一标准是实践。书本作为人类知识的积累，人类智慧的结晶，是我们应当努力学好的。但理论知识的掌握，需要通过实践来验证，来加深理解。

10. 快速阅读法

当今社会是信息社会，当今时代是知识爆炸的时代。每个人都有"读不完的材料，看不完的书报"的感叹。为了能适应时代的需要，更有必要掌握快速阅读方法。

在进行快速阅读训练中,青少年朋友须注意以下要点:

(1)要排除干扰,精神高度集中。

(2)用默读法,让文字符号直接输入大脑中枢。

(3)抓住关键点进行阅读。

(4)尽量减少眼球的停视,避免重复阅读。

(5)让视线多垂直移动,不左右扩大眼睛的视幅。

 自我管理箴言

> 读书是一件幸福的事,它往往决定着一个人未来的命运以及生活道路。对每一个人来说,努力既是为了今天也是为了将来,而读书学习则是为了明天。知识本身没有什么力量,唯有化为自己的行动,才能产生巨大的力量。要想一生拥有幸福和快乐,那么现在就得不断地去刻苦学习,别让无知无能的烦恼和痛苦在以后不断地光临。

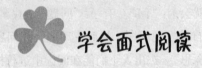 # 学会面式阅读

面式阅读是指把一层文字、一段文字或整页文字当作眼睛每次停顿的注视单位。

它是在线式阅读基础上发展而成的,摆脱了线式阅读的一行一行的视力移动,视力中心区放在一页书的中间部分,扫视一页的文字信息,捕捉关键词、句、段,迅速将视线从上至下移动,对一页的内容进行理解。通过速读迅速理解内容,在理解的前提下实现快速。

面式阅读坚决排除无声默读,任何微弱的无声默读都会妨碍面式阅读的

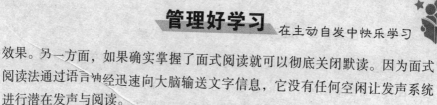

管理好学习 在主动自发中快乐学习

效果。另一方面，如果确实掌握了面式阅读就可以彻底关闭默读。因为面式阅读法通过语言神经迅速向大脑输送文字信息，它没有任何空闲让发声系统进行潜在发声与阅读。

由于面式阅读视野比较开阔，眼睛停顿的次数比较少，因而所花的时间大为缩短，阅读的速度大大提高，记忆的数量也会增加。

在进行面式阅读时，要尽量避免眼睛在文字的左右两侧往返扫视，这就有效地缩短了目光运行的时间以及路线，从而实现快速阅读和记忆的目的。

面式阅读练习刚开始时，速度可能不太快，经过反复练习，真正掌握了面式阅读法，其速度会逐步提高。刚开始练习时，可以先从3行至5行练起，然后再增加到6~9行和10行以上直至一页。

下面介绍几种面式阅读的训练方法。

1. 一目十行

一目十行并不是真的每一目都是十行，而是指一目接触一段，实际上就是一种面式阅读法。所以说，一目十行是高级的快速阅读法，它让我们一眼就能抓住较大范围内的文字内容。

通常我们在精读某个知识资料之前，采用这种"一目十行"的方法，可以从总体上对该知识材料有个大致的了解，给后面的研究创造较好的条件。

采用这种方法主要目的是寻找到某些有用的内容，从而快速判断有没有必要加以精读或采用其他阅读方式。

2. 一目一页

一目一页是快速阅读中的最高形式，也是难度最大的一种技能。它是指眼睛在页面中的某几个点上短暂地停留时快速抓住该页文字材料的大致内容，采用这种类似于全景摄影式的阅读法，把整页的文字材料纳入视野。

对于某些专业书籍或者是围绕某个共同论题的文章，要选择出具有不同意义的内容往往用一目一页阅读法，它通常比较适用于通俗易懂的文字资料。在预习、复习过程中可以借用它来找寻、挑选各式各样的恰到好处的参考资料。对于人们阅读消遣性内容的图书、报纸、杂志等文字载体也较为合适。

掌握这种一目一页的阅读法难度最大，但是只要我们有信心、有毅力，通过合适、合理、有效、严格的练习与训练，渐渐地拓宽有效的阅读视野，注意力高度集中，阅读抓字能力增强，各种速读技巧运用自如，达到熟能生巧的地步，就能最终实现这种最快速度的高级阅读能力。

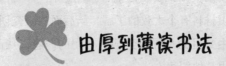

自我管理箴言

线式与面式阅读虽然都是快速阅读，但在适用的范围上也略有不同。线式阅读法适用于内容分量较重、语义信息量较大的材料。线式阅读带有选读性质。面式阅读则适合于内容易理解、语义信息量不是很大的材料，面式阅读带泛读性质。由于这两种快速阅读法的侧重点不同，因此，在实践活动中它们常常互相取长补短，交替使用。在阅读同一页文字时，也会两种方法交替使用。

由厚到薄读书法

书籍就是这样一种奇幻的东西，在越来越躁动的世界里，书籍会给你一个栖息地。书籍里所反映的是另一个世界，收藏着许多人、许多时代、许多地域的传奇，它所赋予你的思想远比现实生活赋予你的更为生动，正如湖水里反射的湖光山色总是比真实的湖光山色更加美丽迷人一样。

薄厚互返法指经过从薄到厚继而从厚到薄，从而掌握全书真谛的读书方法。这是由著名数学家华罗庚总结归纳出的一种读书规律和方法。由薄到厚是学习、接受的过程，由厚到薄是消化、提炼的过程。

由薄到厚再到薄，即为接受、消化过程。薄厚互返法是分两个阶段进

由厚到薄读书法可以增强自学能力

行的：

（1）由薄到厚。这句话的意思是，读书的时候一定要心静如水，深入到书里，要彻底地搞清楚每一个概念。比如，一条定理，什么是已知条件，哪个是结论，在证明中是否包含着另外的概念和结论等，这些都要弄明白。假如见到了其他的概念和结论，应该把这些都弄明白。不明白就问，一查到底，不搞清楚决不收兵。这样一来，本来很薄的书，看到最后，内容就会增加很多，最后就会变得很厚。这就是由薄到厚的过程。

（2）由厚到薄。从薄到厚的过程，只是读书的第一步。另外还有更重要的一步，那就是再从厚到薄。阅读的过程中，不只是将某些个别的概念、定理弄清楚就行了，还要对其进行探究归纳，掌握最本质的方面，做到融会贯通。经过自己的深入分析，就能体悟到真正要记住的东西并不多，这时候本来很厚的书就变得特别薄了。

运用薄厚互返法读书时，从厚到薄的阶段必须依赖于前一个由薄到厚的阶段，这是不能逾越的，但第二阶段却可以补第一阶段的不足。

从薄到厚、由厚到薄这两个阶段并不是没有关系的，而是相互联系的。

只有通过由薄到厚这一步，才能进行到由厚到薄的过程。相反，假如只做到前者，而不能做到后者，那么你只能陷入书读得越多就越麻烦的过程中，就会陷入浩瀚的书堆之中而茫然无头绪，这样也不会把书读得精通。

本节结合前人的读书经验，重点介绍一套实现由厚到薄的读书程序，叫作由厚到薄五步读书法。

第一步：确定该读的内容。书海可谓浩瀚无际，即使是某一学科的书籍，一生也难以读完。对我们来说，最重要的是选择，宜背诵的则背诵，宜精读的则精读，宜粗读的则粗读，不宜读的则不读。

清末张之洞写了一本叫《书目问答》的书，是专为他的学生写的，目的之一是告诉他的学生，选择好书读，不好的书不读，也就是读书要有选择。

了解一下所读之书的目录或者内容提要，然后按照自己的需要决定该读哪些内容和不该读哪些内容。如果是教科书及其参考书，则以老师指导为重点；假如是课外读物，则先看行家推荐的名著名篇。

读书为人们消遣时间，能够提升能力，能够励志，对于小孩子来说，要提倡以励志为目的去选读课外书。

第二步：明确重点。将所学到的所有的重点内容以及所有内储的知识，用钢笔在底部打上波浪线，或者做出其他标记，还可以写下你的体会、加上眉批。下次复习的时候就能看到这些重点内容，忽略其他不重要的东西。就像爱因斯坦所说，在所阅读的书本中找出可以把自己引到深处的东西，把其他一切使头脑负担过重和会将自己诱离要点的东西统统抛掉。将你所确认的重点内容在读书的过程中做好笔记。然后，回过头来去整理笔记，使之网络化或条理化。最后，该内储的则抓紧记忆，该外储的则及时归类予以外储。

第三步：反复理解、领会、记忆应该内储的内容。在学习之初，有些不明白不懂或者记不住的地方不要担心，接着往下看，当前后内容一致后，你自然就明白所有的内容了。在数理化等理科方面，要先掌握基本概念、基本理论、基本方法，然后再多做练习题，这样就能够增进理解、提升记忆，掌握这些内容。

第四步：归纳概括。在学完每一章甚至全书之后，对必须学会的内容进行归纳、总结。将整理出来的东西记录在纸上，或者抄写在别的卡片上，也可以加注眉批，做到"厚本变薄本，薄本变张纸"的程度。并在这个基础上，对所有应该会的、应该懂得的内容都要提出自己的疑问，自己逐步解答。这对以后的复习工作更加方便、省时间做好基础。对散见于书中的知识，抄在卡片上，归纳保存起来。

第五步：每隔一段时间复习一次。这是专门针对内储知识而说的。复习是为了增进记忆，我们要时刻进行，不然的话就会很快忘记。对文科知识来说，复习时以回答第四步所提出的问题为主；对于理科知识，以解应用题为主。

自我管理箴言

这种"由厚到薄"五步读书法，对于中学生、大学生、自学者都适用。在"知识爆炸"、"书刊泛滥"的今天，五步读书法中的第一步最为重要。

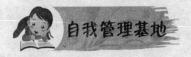

自我管理基地

中学生学习方法测试

学习态度与学习方法在中学生的学习适应上占了很大的比重。本测试是有关学习态度与学习方法的综合性诊断测试，共99道题，其中属于学习方法的44道，学习能力的29道，学习态度与习惯的26道，一般要求在半小时内完成。本测试用于了解中学生的学习方法、学习习惯等。

请仔细阅读每一道题，将题目中所叙述的内容同自己的实际情况相对照，看看符合程度如何，并按 A、B、C、D 四个等级加以评定。

A：完全符合自己的情况。

B：大体上符合自己的情况。

C：有一些符合自己的情况。

D：完全不符合自己的情况。

在确定了评定结果之后，请将所选择的等级代号（A、B、C、D），写在题后。

（1）上课时，我头脑里往往会想些别的事，以致老师讲解的许多内容，我似乎都没有听到。

（2）在考试时，我常常会想起考试失败可能引起的后果。

（3）上课是我总是聚精会神地听老师讲解。

（4）准备考试时，我先写好复习题的全文答案（或抄别人的），然后把它背熟，以便考试时能全部默写出来。

（5）某些主要学科或一门学科中我认为特别重要的或特别难学的章节，我总争取提前预习（在课前或前一天晚上）。

（6）我的记忆力还不错，背诵一篇课文或记住学习的内容，对我来说，不是特别难的事。

（7）我平时没有什么学习计划，即使是寒暑假期或温习迎考阶段也是这样。

（8）阅读课本或其他读物时，我自己很少用红蓝笔或其他笔画线、做记号。

（9）每天晚上我复习当天功课，完成当天作业都已经来不及了，所以第二天的功课，我一般都不预习。

（10）准备考试时，要我自己根据教科书预先写出复习题答案，我感到很难。

（11）在寒暑假期间，我常常要制订一个学习计划并努力按计划去学点新知识。

（12）要背诵课文时，我常常在诵读几遍之后就开始试背，然后再打开书诵读几遍，再试背，也就是让诵读和尝试背诵交错进行。

（13）老师呈示的挂图、模型、标本或进行的演示试验，我也想看清楚。如果看不清楚，也就算了；至于它说明什么问题，我就注意得不够。

（14）学过的知识我倒记住不少，只是在我头脑里显得比较乱，以致要用时，又找不到。

（15）作业中有些不好解答的题目，我总要自己尽力想办法解答，不到万不得已，不去问老师或同学。

（16）我常常把一些我认为写得好的文章（包括语文课本中的课文）反复诵读。

（17）学习时，我时常把教案内容分解为若干部分或若干要点。

（18）考试后全班最好的成绩是多少分，是谁，我总是特别感兴趣。

（19）我常常由于能有条理地、扼要地回答老师的提问而受到表扬。

（20）上课或自己复习功课时，我常常觉得时间过得很慢。

（21）学习时，我不仅能够弄清各个部分、各个要点的意思，而且能较快地弄清各部分、各要点之间的联系（例如，读语文，不仅弄懂各段落的意思，而且很快就弄清各段之间的联系）。

（22）在课堂上，老师呈示的挂图、模型、标本或进行的演示试验，我总是争取看得清清楚楚，弄明白它用来解决什么问题或可以得出什么结论。

（23）语文课本中的课文，我很少去反复诵读。我认为只要会解释，懂得大意，做做作业就行了。

（24）我在阅读报纸、小说或其他课外读物时，要出声或默默地一个字一个字地读下去，所以速度比较慢。

（25）复习功课时，我总喜欢把课文中有关的字句、段落全部记住或背下。

（26）我不善于言词，在课堂上回答老师提问或在小组讨论中发言，往往不能把自己想说的话有系统地、抓住重点表达出来。

（27）上课时，我尽力想象老师所讲的某些内容，也就是说，如果有可能的话，我就把老师所讲的内容变成形象在头脑中显现出来。

（28）我一般是没有先复习功课，就动手做作业。

（29）学习时，我偏重于理解，不大重视记忆，以致有些重要的定义、定理、公式、结论，我能理解却记不熟。

（30）学习某种材料时，我常常是整篇读下去，如果要我把它分解为若干部分或要点，我就感到很难。

（31）做作业时碰到难题，我常常找其他人帮忙解决，免得自己花太多时

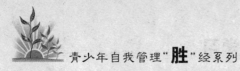

间去琢磨。

（32）虽然我重理解，不爱死记课本中字句，但对一些关键性的词语或公式，我还是努力记住、记熟。

（33）上课时，老师讲的许多具体事例，我似乎也能听懂、记住，但是，要我用简单的几句话加以概括，我又感到很难。

（34）有些作业我不会做，老师又要求按时交，我只好去抄同学的。

（35）做问答题时，我往往心里觉得都理解了，可是动笔去写又写不好。

（36）写文章、做问答时，我常常先列出大纲或要点（同时还对列出的要点进行增删、调整），然后才下笔去写。

（37）阅读一篇文章或课文时，我能够迅速抓住各段的段落大意和全篇的中心思想。

（38）我尽量做到当天的功课当天就进行复习并做完作业。

（39）我重复平时的复习，考试前夕倒不怎么紧张，有时反而去玩一玩，让大脑休息休息。

（40）上课时，我尽力控制自己，专心听讲，但是，许多内容我还是听不懂、听不进去。

（41）我很怕写作文，即使写一篇短文，我也感到很难。

（42）我平时没有时间去复习各门功课，一般都是老师要考哪一科时我才复习哪一科。

（43）我喜欢独立学习，独立思考，但遇到问题时我也喜欢和同学一起讨论。

（44）听老师讲解知识时，我自己往往还联想起与此有关的一些知识或事例。

（45）写作文做问题时，我往往没有把要写的内容在头脑里先组织一下，就拿起笔写，也就是说，往往没有想清楚就动笔写。

（46）由于我做作业做得慢或比较贪玩，所以时常不能按时完成作业。

（47）读物理、化学时，我很重视书上说的各种试验，尽力想象试验进行的实际情景。

（48）上课时，有时老师要讲的内容还没有讲，我就知道他要说什么或要做什么结论。

（49）学习时，我经常把新材料和已有的知识经验联系起来。

（50）复习功课时，我一般都按书上的字句去记；考试时，也力求按书上原来的字句去写，如果要我用自己的话去写，我就感到很难。

（51）学习成了我的沉重负担，我最好快一点毕业，快一点离开学校。

（52）我学习时，很少提出问题，有些教材我读不懂，往往也提不出明确的问题。

（53）对试验课，我不大重视，而且我也不怎么喜欢动手去做试验。

（54）学习比较抽象的材料时，我总是努力联系实际，或举出一些具体的例子去说明它。

（55）读书时用笔画线做记号是一件很难的事，因为我往往分不清哪些地方该画，哪些地方不该画。

（56）听课时，我往往把不理解的问题或联想起来的问题记下，以便课后进一步思考、弄清楚。

（57）老师布置的作业我总是努力按时完成。

（58）考试时，我常常是很紧张的，以致有些本来会做的题目也做不出来，或做错了。

（59）由于种种原因我很难每天在固定的时间开始做功课。

（60）我能够把详细的教材书写成提纲，必要时（如考试时），我又能根据提纲进行发挥，写出详细的内容。

（61）上课时，我专心听课，紧紧抓住老师讲解的线索，积极思考老师所讲的内容。

（62）学习理、化、生物、地理学科，我不单用头脑想，只要可能，我总是动手去试做一下。

（63）听老师讲课时，我总喜欢动笔记一些要点、纲要。

（64）在老师提问或小组讨论时，我虽然有自己的见解，也不敢当众发表出来。

（65）数、理、化的教材，都要老师讲解，我才能理解，如果让我自学，有很多地方我是读不懂的。

（66）学习时，我不满足记住一些定理、公式、定义、结论，我总是想弄清它们是怎么得出来的。

（67）在回答问题时，我喜欢根据自己的理解，用自己的话去回答，很少硬背课本上的字句。

（68）我的书桌总是整理得整整齐齐，各种学习用品总是放在固定的位置。

（69）我喜欢把学到的知识用去解决或解释生活上或课外活动中碰到的问题。

（70）我认为学习时能记住定义、公式、定理、结论就可以了，至于它们怎么产生的（论证的过程），我往往不够重视。

（71）在上课或听报告时，我能够把老师讲的内容扼要地、系统地记下来。

（72）考试时，我总是先把考试题看一遍，把容易做的或得分多的题目先做了，把难做的题目留到最后去想。

（73）在学习时，我总是力求弄清教材中各个部分、各要点之间的联系或关系。

（74）学过的一些定理、规则或概念的定义，我还能记住，但是做作业或碰到实际问题时，我往往不知怎么用。

（75）上课时或在小组讨论时，我有了问题，也不敢当众提出。

（76）在准备考试时，我常常先提出一些问题考自己，看看准备是否充分了。

（77）我学习一种新知识或一种新事物时，很少想到把它和已有的知识或其他事物进行比较。

（78）我的学习用品随便放，以致要用时常常要找好久。

（79）做数学练习时，我不喜欢做应用题，我觉得应用题比较难做。

（80）我有时订了学习计划，但往往不能按时去执行。

（81）我每天总是在固定时间复习功课，完成作业。

（82）在准备考试时，我常常根据教科书写出各道复习题的答案要点（不是全文）。

（83）发回的卷子或作业，如果有做错的，我总要弄清楚为什么错了，怎么做才对。

（84）我极少用参考书和词典。

（85）在复习功课时，我喜欢把详细的材料变成简单的提纲，以便更好地记忆。

（86）我常常把学到的各种知识进行比较，发现它们的异同和联系。

（87）听老师讲课时，我有时也想做些笔记，但我一去做笔记，老师讲解的内容我就听不清楚了。

（88）在阅读报纸、小说或某种课外读物时，我不需要一个字一个字地读，而能一个分句或一个整句地读（即眼睛一看就能把握一个句子的意思），所以速度比较快。

（89）在准备考试时，我不是系统、全面地复习，而是猜想老师可能出什么题目，然后有重点地复习一些内容。

（90）我觉得学校里学到的知识，尤其是理科的知识，在生活上用处不是很大。

（91）复习功课时，我常常把学过的知识列成表或画成图，借以揭示各种知识（如各种概念、定理、公式、事物的特性等）的区别和联系。

（92）学过的各种知识，我一般都能有条理、有系统地保存在脑子里，所以，用到某一概念或定理时，我能很容易地找到它。

（93）老师发回的卷子或作业，一般我只是关心得了多少分，或粗粗地看一下哪道题对、哪道题错，而不注意去弄清楚错在哪里、怎么做才对。

（94）一般说来，考试时是个"良"（或80分左右）的成绩，我就很满意了。

（95）我重视学习经验的总结，并时常和同学交流学习经验。

（96）我的记忆力不好，学过的材料往往记不住，或记不清楚。

（97）学习时，我喜欢思考，即使很难理解的材料，我也总要想法把它彻底弄懂。

（98）我在动手做作业之前，总是先把功课认真地复习一遍，弄懂教材的内容。

（99）我挺喜欢学习，学习使我每天都在增长知识、开阔眼界。

测试报告：题目分两种类型，一种从正面阐述问题，一种从反面阐述问题。A、B、C、D四个等级答案，从正面阐述问题的类型题分别给3分、2分、1分、0分，从反面阐述问题的类型题分别给0分，1分、2分、3分。将所有题目的分数相加，分数越高，说明你的学习方法、学习态度、学习习惯等越好，否则相反。

第七章　通畅乐学之路
——除掉学习路上的"拦路虎"

现在的青少年学生受社会影响很大，在学习上很难做到"专心"二字。要想安心地学习我们要克服这些不良诱因，铲除学习路上的拦路虎，让学习之路通畅无阻，下面这些方法可以有效地帮助你！

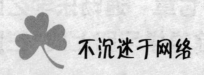

不沉迷于网络

进入 21 世纪后，随着互联网的发展，人们突然发现，生活真的就是一张网，所有现实世界的东西，都可以在网络上找到。于是，所有外界的诱惑，对于广大青少年来说，就都集中在网络上了。

15 岁的王军（化名）已有 4 年的"网瘾"，经常几天几夜不吃不喝地玩游戏。4 年来，他花在网络游戏上的钱近 20 万元。每次他向父母要钱，不给就揪着父母的头发打，甚至用刀砍伤父亲。现在，父母只好在外面租房子住。

江苏省某市一位 14 岁的花季少女，因沉溺于网络游戏偷同学的钱被老师批评，心理扭曲的她于是仇恨老师，疯狂报复，用菜刀将老师活活砍死。

由此不难看出网络的危害性。综合来看，上网对青少年有以下危害：

1. 危害身体健康

电脑显示器是利用电子枪发射电子束来产生图像，并伴有辐射与电磁波，长期使用会伤害人的眼睛，使人感到眼睛发痒，甚至造成青光眼等一些眼病。键盘上键位密集，键面有一定的弹力和阻力，长期击键会对手指和上肢不利。长时间操作电脑还容易导致肌肉骨骼系统的疾患，主要部位有腰、颈、肩、肘、腕部等。电脑散发的气体危害呼吸系统。电脑的低能量的 X 射线和低频电磁辐射，会引起人们中枢神经失调，造成短暂性失忆、头昏，严重的会导致休克，甚至死亡。2005 年 7 月 14 日下午，浙江省兰溪市诸葛镇一个小学刚毕业的学生舒某到一个游戏机房玩游戏机，由于玩得时间太长，感到头晕气喘，昏倒在地，在被送进医院抢救时已停止了呼吸。

2. 危害心理健康

长时间无节制地在互联网上打游戏、聊天、浏览网页的人，容易沉迷于虚幻的世界中，与现实世界脱钩，会导致各种行为异常、心理障碍、人格障

青少年不要沉迷于网络

碍、交感神经功能部分失调等心理疾病。他们在现实生活、学习、工作中更易丧失自信，内心经常感到抑郁、紧张、烦躁、焦虑不安，严重者很可能发展成为网络综合征，典型表现为情绪低落、兴趣丧失、睡眠障碍、生物钟紊乱、食欲下降和体重减轻、精力不足、思维迟缓、不愿意参加社会活动、很少关心他人等。

3. 危害学生学业

北京市青少年法律与心理服务中心的老师们在咨询中发现，电脑游戏对青少年的危害有如下特点：先是荒废学业、沉迷其中难以自拔；接着用完身上的零钱难以维持自己的癖好，以至发展为说谎，向父母、亲戚骗钱，再发展为向低年级学生勒索钱物；最终发展为逃学、辍学、偷窃、诈骗、离家出走等。据调查，一半以上的学生在迷上网络（特别是网络游戏）后，学习成绩会有大幅度的下滑。

如何让网络真正给我们的学习和生活带来帮助，而不是沉迷于网络，不可自拔，那么我们就必须要做到下面几点。

（1）与自己约法三章。一是控制上网时间。每周最多2~3次，每次上网的时间一般不超过2小时，且连续操作1小时后应休息15分钟。尤其是夜晚上网时间不能过长，一定要提前回到宿舍，按时睡觉。二是限制上网浏览的内容。每次上网前，一定先明确上网的任务和目标，把要完成的具体任务和内容列在纸上，按需点击，不迷恋网上游戏，坚决不上黄色网站。三是准时下网。上网之前，根据任务量限定上网时间，时间一到，马上下网，不找任何借口，不原谅自己，不宽容自己。

（2）参加户外拓展活动。在户外活动游戏的互动中，学习与他人合作、沟通、交流，使自己走出网络社交圈，走出自我封闭。通过户外拓展活动训练，锻炼身体，接触大自然。在一系列的军训、踏青活动中，使自己勇敢坚强，在学习中认识并热爱大自然。呼吸大自然的新鲜空气，远离城市，远离网吧的污浊空气。

（3）寻求专业人员的帮助。当你自己无法解决上网成瘾问题时，一定要积极主动地寻求专业人员的帮助。一是可以找心理咨询师进行个体咨询，心理咨询老师会帮助你走出上网成瘾的困惑。二是可以参加团体心理训练。团

青少年要多参加户外活动

体训练是多种咨询理论的综合利用，通过丰富多彩的群体互动活动，对你产生感染、促进和推动作用，帮助你改变认识，改变心态，获得心理上的提升，同时学会制定自我管理的行为契约，根据目标行为完成与否进行正强化或负强化。参加团体心理训练对于预防或戒除网瘾会有显著的效果。

网瘾带来的危害已经超过毒瘾所带来的危害，因为它主要危害的是青少年。青少年是祖国明天的希望！远离网瘾，刻不容缓！

（4）用网络来学习。一般来说，人们上网有两个目的：一是实用性目的，比如查资料、制作课件等；二是娱乐性目的，比如打游戏、看电影、聊天等。《中国青少年网瘾报告》的调查数据显示，以实用性为目的的上网不会让人上瘾，使人上瘾的主要是娱乐性的，又以网络游戏、网恋为主。

青少年的主要任务是学习，所以，上网的主要目的也应该是学习。学习操作电脑，学习利用网络搜索资料，学习制作网页、编程等。尽量克制自己，少打游戏和聊天，将上网的时间尽量用于学习，这样你就不会对网络上瘾。

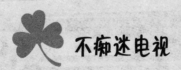

自我管理箴言

学习之余，要多培养自己的兴趣爱好，比如弹琴、踢足球、制作航模、下围棋等。将更多的注意力转移到发展兴趣爱好上，使你无暇顾及网络的诱惑，自然不会陷入"网瘾"的陷阱。

🍀 不痴迷电视

电视的快速普及极大地丰富了人们的文娱生活。电视充分地发挥着娱乐和教育等多种功能。特别是儿童青少年，通过电视荧屏获取知识，扩大视野。但电视除了有正面教育作用外，对青少年也有负面影响。如果他们迷恋电视，不但影响学习，对身体也有一定的影响。

事例一

小立妈妈下班回家，看见小立正坐在沙发上看电视，没有学习。她气不打一处来，上前就把电视机关了。小立全神贯注看得入了神，眼前白光闪过，没了声影，就从沙发上跳了起来，抢上前去，又把电视机打开了。他不眨眼睛地盯着电视机屏幕，身子往沙发里倒退着，脸上的表情随剧情变化着，丝毫没有注意妈妈愤怒的表情。"我对你说了多少次了，放学回来先写作业，你就知道看电视！"妈妈一下又把电视机关上了。"干什么？"小立又一次跳起来，打开电视机。妈妈提高嗓门："关了！我说你呢！你听见没有？"小立不理。妈妈急了，走过来"砰"地把电视机关了。小立一个箭步冲过去，把妈妈推倒在地……

事例二

佳佳13岁了，平时就是个电视迷，每周周末从学校回家，就会熟练地拿着遥控器，趁妈妈做饭之际，看上一个半小时电视。晚饭后，通常还会看上

青少年不要痴迷电视

一段时间动画片才肯在妈妈的督促下洗澡睡觉。如果恰巧这一天爸爸妈妈没有时间带她出门，那么电视就几乎要从早开到午睡之前。

事例中的现象是不是在我们身上也时有发生呢？电视在我国已经普及，无论对成年人还是对青少年，电视的影响是不可否认的，特别是对青少年的影响更令人关注。适当地看电视可以增长我们的知识、提高我们的想象力、了解一些国家大事，等等。但是，如果长时间地看电视，沉迷于电视，它所带来的危害也是巨大的。

危害一：影响视力，损伤眼睛

研究表明，如果青少年持续看 5 个小时左右的电视，那么视力可能暂时减退 30%。如果青少年的视力受损，那么，对他将来的学习将会造成不可弥补的损失。

危害二：影响食欲，伤及肠胃

看电视时间如果太长，会影响人的食欲，同时还会影响肠胃的消化吸收。吃饭时，全身的血液都集中在肠胃消化系统，这时看电视，会使大量的血液流向大脑——这就会因肠胃部位血流量减少而使肠胃消化功能降低，甚至引起慢性胃肠疾病。

危害三：影响情绪，危及社交

研究表明，少儿的心灵幼弱，缺乏明辨是非的能力，电视中出现的暴力镜头、虚幻片中的鬼灵、言情剧中的亲热镜头等，令他们无所适从。孩子成长到 18 岁时，就能从电视上看到 20 万起暴力行为，儿童受到的影响可想而知。而少年儿童一旦被有趣的内容吸引后，注意力就不易转移，难以自拔。由于不良电视剧的影响，中小学生中的早恋、打架斗殴等现象与日俱增，青少年犯罪率也有所增长。

危害四：影响运动，反应迟钝

无节制地看电视居然有这么多的危害，那么我们又该如何正确地看电视呢？

首先，控制看电视的时间。看电视的时间不能太长，特别是青少年，以 1~2 小时为宜。看电视时，眼睛要离电视机的距离不得少于 2 米，并有良好的坐姿。在观看过程中，要趁调换节目或放广告的间隙，闭上眼睛短暂休息，或向远处眺望一会儿，以免眼睛过度疲劳而影响视力。

为了保护视力，平时可多吃一些含维生素 A 的食物，如鸡蛋、猪肝等，或多吃些蔬菜和水果，如胡萝卜、橘子、豆芽等，对保护视力有一定的作用。

其次，丰富电视节目。青少年大多喜欢看动画片，但如果只看动画片，就削弱了电视的教育功能。因此，我们要多角度地选择电视节目，有意识地培养自己对科学有益的电视节目的兴趣，比如《动物世界》、《探索发现》等，又比如《中华之最》以及各地风光片，可以开阔视野，了解各地的风土人情。

再次，边看边读，做到兴趣迁移。许多动画片或著作都是根据同名书改编的，或是电视播出后就会有同名书上市，那么我们可以把对电视节目的喜爱延伸到阅读上，从而培养自己的阅读兴趣。

最后，加强体育锻炼。常言道"生命在于运动"，从胎儿在母腹中的蠕动，褴褓期婴儿的手舞足蹈，到幼儿的活泼好动，都表明运动是人的生长发育需要。人体的生长发育有赖于身体不停地新陈代谢。而体育锻炼能提高新陈代谢水平，从而促进生长发育。比如，人们去登山、打篮球后，消耗大量的热量，需要补充，食欲特别好，营养也容易消化、吸收，从而加强了人体新陈代谢的作用。

自我管理箴言

青少年学生检查一下自己观看电视的习惯和动机，远离电视，才能让你更健康。

别让早恋影响学业

中学生在经历了青春期的"生理大革命"后，伴随生理上的性成熟，他们心理的性意识萌生。由于强烈的性好奇心和接触异性的欲望，男女中学生之间常常产生一种异常强烈的渴望与异性在一起的依依不舍之情，这就是中学生最初的爱情。然而年轻幼稚，各方面条件还不成熟，初恋表现出明显的幼稚性和冲动性。初恋给青少年带来的往往不是幸福和欢乐，而是痛苦和烦恼。

初二年级的小月，在准备学校艺术节节目的时候，认识了同年级的小震。在校园情景剧《飞扬的青春》中，他们分别扮演女儿和父亲。因为排练前经常切磋剧情，单独接触的机会比较多，加之对剧本相同的理解和感受，使他们有说不完的共同话题。渐渐地，两人觉得还真是投缘，在一起都感到有无穷的乐趣。

放寒假了，小月见不到小震，一种难以名状的情感涌上心头，整个假期，像丢了魂似的，大有"一日不见如隔三秋"之感。

终于熬过了假期，他们又见面了，而且很快就腻在了一起。课余时间他们一同看电影、上网吧，当然这都是秘密进行的。小月不仅夜晚躺在床上回味他的目光、他的举手投足，甚至连考试时也想着他。

由于两人交往过密，导致学习成绩都变得一团糟。虽然两个人尽量克制自己，但因为单独接触过多，已经脱离了集体，常常各自显得孤单和痛苦。

别让早恋影响学业

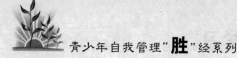

　　小震本来是年级的学习尖子，由于早恋，成绩越来越差。小月由此产生了深深的自责。后来她觉得小震成绩下降，挨了老师批评，都是因为自己的缘故，很替对方难过。同时也在担心自己，被老师和父母责问，同学也会向自己投来鄙夷的目光。经常越想越紧张，有种折磨自己的感觉。

　　期末考试，两个人成绩都大幅度下滑。小震的班主任向他敲响了警钟："学习犹如逆水行舟，不进则退。一个学生每天同时学几门功课，即使很用功也没有把握一定考取优异成绩。更何况你谈情说爱，彼此情意绵绵，心猿意马，怎么能将功课学好？"

　　小震开始有意疏远小月，小月开始由惦念自责变成忌恨怨愤，继而恼羞成怒。两个人在一起时，由最初的情意缠绵变成了现在的不断争吵，不约而同产生了"悔不当初"的感觉，渐渐形同陌路。

　　像小月和小震这样，由恋爱影响双方的学习，产生了痛苦的情绪，对青春期的身心健康是很不利的。

　　因此，已经早恋的同学，应尽快地从早恋中解脱出来。要走出早恋，应注意以下几个方面：

　　（1）正确认识"早恋"的危害。早恋影响学习生活。有句话说得好：不要去看远处模糊的东西，而要动手做眼前清楚的事情。对于青少年来讲，"恋爱"就是远处模糊的东西，而眼前清楚的事情就是学习。青少年在中小学阶段的主要任务是学习，这是毋庸置疑的。为个人的发展奠定基础，为服务社会储备知识，学习的意义决定了学习的专注性特征。而早恋者往往以恋爱为中心，不能一心一意关注学习；恋爱对象的一举一动都可能牵制自己的情感，无法集中精力学习；早恋双方交往谨小慎微的隐蔽状态，也必然分散学习精力。

　　早恋容易伤害心灵。青少年思想的不稳定、心理的不成熟、情感的脆弱，使恋爱双方容易在感情的波折中受到伤害。因为抗挫折能力不强，有的青少年因早恋受挫怀疑爱情，给自己的感情生活投下阴影，影响成年后的婚姻生活；有的青少年因早恋受挫怀疑人生，甚至走向极端，造成了人生的悲剧。

　　早恋容易损害身体。有些青少年早恋缘于生理上的早熟，而性意识萌发，对异性欲望强烈，容易激动，感情难以自控，行为容易冲动而不计行为后果，导致未婚性行为或未婚先孕等情况出现。其中女性不仅在心理上担惊受怕，而且在身体上还会承受痛苦，甚至对成年后感情生活的影响极大。

（2）选择适当的方法。感情的割舍不要简单行事，要讲究方法。首先要根据双方的性格特点和感情深度，选择恰当的表达自己意见的途径。如果对方性格较外向，对你的感情还不是很深，便可找机会直抒己见；如果对方内向，则可通过第三者，如对方的好友、师长等传达你的看法。其次可采取逐渐疏远法。如两人不在同一学校或居住相隔较远，可采取减少约会和通信，淡化感情交往的方式，时间一长，对方渐渐明白了你的意思，就会自然放弃。

（3）中断往来。从结束早恋的角度来说，男女同学间的友谊、好感都是正常的感情，只要把恋爱退回到好感或友谊，早恋也就结束了。但是，由于恋爱所唤起的情感是强烈的，而中学生的理智和抑制力相当有限，所以，要结束早恋，就得尽量避免两人单独在一起，暂时中止感情交流的一切渠道。经过感情的一段冻结过程，使理智对感情的控制成为习惯以后，再恢复正常交往，感情之树才不会复萌。

（4）转移情感。把时间和精力转移到紧张的学习和健康的课余爱好上去。多关心国家大事，多参加集体活动，多看一些文学名著、哲理性文章，多想想自己的进步，想想将来的事业，想想将来在复杂的社会里如何开拓和进取……这样，心胸和视野就会开阔，焕发出勃勃朝气。

自我管理箴言

　　正在热恋的青少年，一定要早日摆脱情感的纠葛，及时投入到对理想、学业的追求中去。

别让暗恋影响学习

　　影响青少年学习的另一现象就是——暗恋，它又称单恋或单相思。主要表现为某人对某一位异性单方面的爱恋。这种单恋的对象既可以是自己生活中熟识的同学、朋友等，也可能是萍水相逢仅有一面之交的陌生人，甚至是某些影视、文学作品中的人物。

　　暗恋通常包括三种形式：第一种是内心爱慕对方，却无法表示出来；第二种是把与对方的交往和友谊错认为是"有意"或"暗示"，而产生的"爱恋错觉"；第三种是已被对方拒绝仍痴情不改的单恋。前两种比较容易发生在初中阶段，一般情况下，单恋的倾向会逐步淡化，有的是理智告诉自己，这是不可能的，才十几岁，还有很重要的事情要做；有的是因为发现对方的缺点，于是从幻想中挣脱出来，从而能理智地看到对方并不是心中真正的白马王子或白雪公主；也有的是因为自己的注意力集中到了其他方面而逐步忘记。可是，也有陷入情感漩涡，无法自拔的。

　　暗恋是一种不可能得到回报的情感体验。暗恋情结比较重的人往往脱离现实生活，沉醉于自我幻想或想象的虚幻情境中难以自拔，常常表现出对暗恋对象的强烈关注、幻想等。但这一切都是在对方毫无察觉，或得不到对方认可的情况下产生的，因此往往导致暗恋者强烈、痛苦的心理矛盾和内心

调整心态，摆脱暗恋

冲突。

　　许多暗恋别人的人对自己内心深处的情感和爱恋很难启齿，羞于向他人诉说，这就会加深他们的苦恼，从而导致心理障碍和心态失衡，发生情感失控，一味地想去做自己幻想中决定的事情。出现注意力分散、思维迟钝、意志消沉等现象，给正常的学习、生活和身心健康造成很大的影响。严重的还会丧失理智，出现妄想、抑郁等心理疾病。

　　暗恋的出现有时是很偶然的，它的出现并不是道德败坏，也不是心术不正，而是青春期很普遍、很自然的一种心理现象。但是，如果深陷其中影响到正常的学习与生活，就需要认真对待了。这种困境如果解决得好，有利于我们顺利地度过情感波折的时期，走向情感的自控与成熟。

　　（1）学会理智地处理问题。初中生已经开始形成自己比较独立的思考能力，已经能够理智地解决很多问题。因此，一旦出现这种情感波折，完全可以通过理智来摆脱情感的纠葛。这种理智处理问题的出发点是尊重自己，也尊重对方，充分认识到暗恋的空想性。

　　（2）学会转移注意力。要尽可能让自己融入集体活动中，参加各种丰富多彩的课外活动，或者加大学习探索知识的力度，将自己的注意力从情感的漩涡中转移到现实的生活中来。

　　（3）学会情感自救。最痛苦的情况是：当自己鼓起勇气向对方表白时，遭到拒绝。有的同学会突然觉得自己苦苦追求的是一场梦幻，或者认为会被别人耻笑，甚至觉得今生已无意义，选择走向绝望的道路。其实，如果冷静地看这个问题，你会发现被拒实际上是必然的，因为你的一切幻想都是从自己的愿望出发，并没有考虑别人的想法。当然，有很多同学也清楚这一点，只是觉得心里很不好受。你可以大哭一场，这对你来说，也是人生的一次磨炼和情感体验。美梦惊醒的那一瞬虽然痛苦，但是，你很快会发现这也并非世界的末日，吸引你的事情还会不断地出现。也可以找个自己信赖的人，把自己的苦闷与烦恼说给他听，与他一起讨论解决问题的方法。

自我管理箴言

一旦陷入单相思后，总是难以克制自己的情绪，满脑子都是暗恋对象的身影，从而影响学习和工作，甚至还会产生一些不良的行为或欲望。这个时候你可以看看电影、旅游，使自己的注意力从对方的身上转移到其他事情上去，消除自己的烦恼。

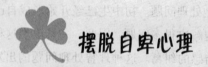 摆脱自卑心理

自卑是自我意识偏离后所产生的一种情绪体验和在这种情绪支配下担心失去他人尊重的心理状态。通俗地说，自卑是一种自己看不起自己，总以为别人也看不起自己的心理状态。这是一种不正常的心理状态。青少年中有自卑感的学生往往会对自己的能力、品质等做出偏低的或消极的自我评价，从而在学习中缺乏信心，注意力不集中，进而悲观失望。甚至对那些触手可及的任务，也往往会因自叹无能而轻易放弃，如此以往对任何事都抱以漠然的态度，更有甚者对生活失去热情。

自卑感作为一种消极的自我评价或自我意识，通常有以下几个特点：

（1）泛化性。一个有自卑感的学生，如果感到自己在一方面不如别人，就会认为自己在其他方面也不如别人。认为自己总是在各方面不可能超过别人，从而导致自己整日感叹自己的无能，自甘落后，毫无生气，如果让这种自卑感无限盲目地扩大，会非常严重地影响学生的身心健康。

（2）敏感性。自卑者在一个集体中总有些不如意，他总会怀疑别人看不起他，也常常会把别人的一些与他无关的言论和行为，看成与他相关的，无论他人说什么做什么都十分容易对号入座。这些学生整日担心，对周围的声

音、事物都十分敏感，尤其是关注自己的短处，比如学生有生理方面的缺陷，便对周围学生的眼神、话语有严重的敏感度，对周围的学生也失去亲和力，逐渐使自卑情绪蔓延。从而会觉得自己很无能，内心的自卑情绪会由此而日益加重。

（3）掩饰性。自卑者越是怕别人知道自己的不足，越担心暴露自己的缺点，越会想办法掩饰自己的不足。自卑的学生也会这样掩饰学习各方面的不足，如果他们学习成绩不好，平时的作业中有不会的问题，也不向别人请教，怕他们嘲笑自己。久而久之，养成了一些不良的习惯，胆小怕事，缺乏创新精神。

学习的自信心能积极地开发潜能，使人面对学习困难无所畏惧，是考试取得佳绩的强大内因，所以学习自信心对学习非常重要。但是很多学生学习上没有自信心，自卑，情绪低迷，这严重影响了学习的热情和主动性。学习基础差、过低的自我评价、别人的讽刺挖苦、过高的期望目标、盲目地与他人对比等，都是导致学生缺乏自信心的主要原因。我们在日常学习生活中，如何克服自卑，增强自信呢？

我们可以依照以下几种方法来摆脱自卑心理。

学会放松自己

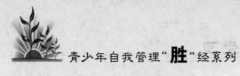

1. 认清自己的想法

有时，问题的关键并不在于我们想什么，而在于我们如何去想。哲学家说，由于痛苦而将自己看得太低就是自卑。简单一点来说就是妄自菲薄、自己看不起自己。悲观的人常常会心情抑郁，而无法摆脱这种情绪。所以先要改变戴着墨镜看问题的习惯，这样才能看到事情明亮的一面。

2. 放松心情

努力放松心情，不要想不愉快的事情。或许你会发现事情真的没有原来想的那么严重。

3. 幽默

学会用幽默的眼光看事情，轻松一笑，你会觉得其实很多事情都很有趣。

4. 与乐观的人交往

与乐观的人交往，他们看问题的角度和方式，会在不知不觉中感染你。

5. 尝试一点改变

先做一点小的尝试。比如，换个发型，画个淡妆，买件以前不敢尝试的比较时髦的衣服……看着镜子中的自己，你会觉得心情大不一样，原来自己还有这样美的一面。

6. 寻求他人的帮助

寻求他人的帮助并不是无能的表现，有时候当局者迷，当我们在悲观的泥潭中拔不出来的时候，可以让别人帮忙分析一下，换一种思考方式，有时看到的东西就大不一样。

7. 要增强信心

消除自卑的关键还是在于自己。只有自己首先相信自己，对未来充满信心，并乐观地对待每一天，才能使自己生活得更快乐。悲观的人通常并不是缺乏工作或做事的能力，他们缺少的就是自信。他们自我评价极低，总觉得自己这也做不好，那也做不好。面对某件事情的时候，假如你觉得自己能行，可以做，那么你就会付出自己最大的努力去面对它。同时，你知道这样继续下去的结果是那么诱人，当你全身心投入之后，最后等待你的就是"是的，你做到了"。相反，假如你觉得自己做不来，自己的行为就会受到这个意念的干扰，没有了行动的动力，大好的机会就会在你眼前溜走。因为你一开始就

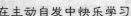
觉得自己做不来，所以即使失败了也会为自己找各种各样的借口："看看吧，我说我不行的，真的是做不来！"

8. 正确认识自己

正确认识自己首先要正视自己的过去，要对曾经的成绩有一个恰当的分析与评价。当然，我们说了，这个自我评价要恰当，不要过高或者过低，因为这关系到你能否清楚地认识到自己的缺点和不足，能否正确地了解自己的实力、各方面的素质等。因此，正确地认识自己，首先是要实事求是，既不夸大自己，也不妄自菲薄，这样才能明确自己将要追求的目标。尤其要注意扬长避短，将自卑的压力转化为发挥自己长处的动力，从自卑中超越。

9. 客观全面地看待事物

一个有自卑心理的人，往往会更多地看到事物不利于自己的一面，而忽视对自己有利的、积极的一面，不能对事物进行客观的分析与判断。为了消除自卑心理，我们需要努力提高自己透过现象抓本质的能力，能够发现事物积极的一面，特别是要善于发现自己的潜力和优势，而不是哀叹命运的不公，感慨生活的无奈。

10. 积极与人交往

不要总觉得别人看不起你而不敢与人交往。要消除这样的不良心理，首先你要自己看得起自己，要知道你并不比任何人差。这样，别人也会对你刮目相看，你甚至可能从别人身上获得赞美和鼓励。积极与他人交往，可以从中学习别人的优点，这样在与人交流的过程中，自己的能力也得到了提高，更不会产生由于什么都不懂，什么都不知道，孤陋寡闻而不敢与人交往的自卑感。

11. 在积极进取中弥补自身的不足

很多自卑的人都是较为敏感的，很容易将外界的信息理解为一种消极的暗示，从而加重了自卑感而难以自拔。当然，假如我们能够正视自己的缺陷，并努力去改正它们，奋发向上，积极乐观，一定会获得更多的快乐，从而增强自信，摆脱自卑。

自我管理箴言

　　纵观古今中外的成功人士，无不具有自信的情商品质。周公瑾不自信，怎会有赤壁大捷；康熙皇帝不自信，北京城恐怕早就几易其主了；罗斯福不自信，又怎能产生连任四届的总统；毛泽东不自信，又怎会带领国人缔造一个伟大的中华人民共和国！毋庸置疑，自信是最熠熠发光的成功的试金石。

"走神"巧应对

　　上课"走神"是学生中普遍存在的现象，尤其是处于青春期的中学生。尽管很多同学下过很多次决心要改变这种局面，但就是改不了，为此，很多同学非常苦恼。下面介绍一些方法，希望可以帮助到青少年提高注意力。

　　1. 课堂上专心听课

　　认真、专注是提高学习效率的前提。看书时，注意力不集中。可能就会看书看串行，当然就很难把书读懂、读透、理解全面，其中的知识自然就难以掌握全面，这种情况必然导致学习成绩不好。课堂上，注意力不集中，就会出现大量的知识遗漏和空缺，形成知识漏洞。怎样专心听课呢？

　　课堂学习要"六到"：①精到（即兴趣浓厚），带着兴趣听课，效果最佳，否则愁眉苦脸地坐在那儿学，效果决不会好。②心到，它是学好科学知识的根本所在。③眼到，它是获取知识的重要来源，俗话说"百闻不如一见"，"耳听为虚，眼见为实"。④口到。⑤耳到，根据教师思路专心听讲。⑥手到。

实践证明，听课时"六到"并用，效果甚优。反之，收效甚微，甚至一无所获。

2. 提高自己的注意力

注意力的集中作为一种特殊的素质和能力，可以通过训练来获得。那么，训练自己的注意力、提高自己专心致志素质的方法有哪些呢？

（1）空间清静。作为训练自己注意力的最初阶段，做一件事情之前，首先要清除书桌上全部无关的东西。然后，使自己迅速进入主题。如果你能够做到一分钟之内没有杂念，进入主题，你就了不起。如果你半分钟就能进入主题，就更了不起。如果你一坐在那里，十秒、五秒，当下就进入，那就是天才，那就是效率。有的人说，自己复习功课用了四个小时，其实那四个小时大多数在散漫中、低效率中度过，没有用。反之，你开始学习，一坐在那里，与此无关的全部内容置之脑外，这就是高效率。

（2）做些放松训练。舒适地坐在椅子上或躺在床上，然后向身体的各部位传递休息的信息。先从左脚开始，使脚部肌肉绷紧，然后松弛，同时暗示它休息，随后命令脚脖子、小腿、膝盖、大腿，一直到躯干全部休息。之后，

学会专心听课

再从脚到躯干，然后从左右手放松到躯干。这时，再从躯干开始到颈部，到头部、脸部全部放松。这种放松训练的技术，需要反复练习才能较好地掌握，而一旦你掌握了这种技术，会使你在短短的几分钟内，达到轻松、平静的状态。

（3）集中注意力训练。数学家杨乐、张广厚，小时候都曾采用快速做习题的办法，严格训练自己集中注意力。这里给青少年朋友介绍一种在心理学中用来锻炼注意力的小游戏。在一张有 25 个小方格的表中，将 1～25 的数字打乱顺序，填写在里面，然后以最快的速度从 1 数到 25，要边读边指出，同时计时。

研究表明，7～8 岁儿童按顺序找每张图表上的数字的时间是 30～50 秒，平均 40～42 秒；正常成年人看一张图表的时间大约是 25～30 秒，有些人可以缩短到十几秒。你可以自己多制作几张这样的训练表，每天训练一遍，相信你的注意力水平一定会逐步提高。

（4）运用积极目标的力量。军事上，把兵力漫无目的地分散开，被敌人各个围歼，是败军之将。这与我们在学习、工作和事业中一样，将自己的精力漫无目标地散漫一片，注意力到处分散一样，永远是一个失败的人。学会在需要的任何时候将自己的力量集中起来，注意力集中起来，这是一个成功者的天才品质。培养这种品质的第一个方法，是要有这样的目标。

这种方法的含义是什么？就是当你给自己设定了一个要自觉提高自己注意力的目标时，你就会发现，你在非常短的时间内，集中注意力这种能力有了迅速的发展和变化。

你要在训练中完成这个进步。要有一个目标，就是从现在开始比过去善于集中注意力。不论做任何事情，一旦进入，能够迅速地不受干扰。这是非常重要的。比如，你今天如果对自己有这个要求，我要在高度注意力集中的情况下，将这一部分的内容基本上一次都记忆下来。当你有了这样一个训练目标时，你的注意力本身就会高度集中，你就会很快排除干扰。

（5）培养对专心素质的自信。要有能做到专心致志的信心。只要你有这个自信心，相信自己可以具备迅速提高注意力集中的能力，能够掌握专心这样一种方法，你就能具备这种素质。朝气蓬勃的青少年，只要下定决心，不受干扰，排除干扰，肯定可以做到高度地注意力集中。

（6）训练排除外界干扰的能力。要在排除干扰中训练排除干扰的能力。

青少年朋友一定知道，一些优秀的军事家在炮火连天的情况下，依然能够非常沉静地、注意力高度集中地在指挥中心判断战略战术的选择和取向。生死的危险就悬在头上，可是还要能够排除这种威胁对你的干扰，来判断军事上如何部署。这种抗拒环境干扰的能力，就需要训练。

（7）训练排除内心的干扰。你周围的环境已经很安静，但内心却有一种骚动，有一种干扰自己的情绪活动，有一种与这个学习不相关的兴奋。对各种各样的情绪活动，要善于将它们放下来，予以排除。这时候，你要学会将自己的身体坐端正，放松下来，将整个面部表情放松下来，也就是将内心各种情绪的干扰随同这时身体的放松都放到一边。

内心的干扰往往比环境的干扰更严重。若你还是不能放松、静下心来的话。就去想想你的人生目标，想想自己还有好多大事小事没有干成，但这些需要你具备这种事到临头能够集中自己注意力的素质和能力。经过内心的提醒和暗示，你会慢慢把注意力集中起来。

（8）妥善处理学习与休息的关系 "该学就学，该玩就玩"，很普通的一句话，却蕴藏着很深的道理。玩过了，精神放松了，然后才能集中精力专心学习。把学习的时间拉得越长，就越容易疲倦，精神也跟着涣散了，结果既学不好也玩不好。人的注意力时间是有一定的时间长度的。

不妨从现在开始，集中一小时的精力，比如背诵 80 个英语单词，看自己能不能背诵下来。高度地集中注意，尝试着一定把这些单词记下来。学习完了，再休息，再玩耍。当需要再次进入学习的时候，又能高度集中注意力，这叫张弛有道，一定要训练这个能力。永远不要熬时间，永远不要折磨自己。一定要善于在短时间内一下把注意力集中，高效率地学习。

自我管理箴言

保持良好的注意力，是大脑进行感知、记忆、思维等认识活动的基本条件。在我们的学习过程中，注意力是打开我们心灵的门户，而且是唯一的门户。门开得越大，我们学到的东西就越多。

摆脱学习上的懒惰

有人说，人是好逸恶劳的动物，在一定程度上，这种说法是正确的。人总是希望在工作中减少体力付出，在生活中尽量舒服、安逸，获得最大的满足和安逸也是人活动的动力。但如果贪图安逸，就会产生惰性。惰性在生活中表现为不求上进、意志消沉、安于现状、心态消极，在工作中无所追求、不学无术、糊涂混日。惰性对人的身心健康会造成一定危害。

谨防学习上的懒惰

惰性能够降低人的身体素质，因为懒惰，所以总不愿意去活动，因而身体得不到很好的锻炼，人的免疫功能也随之降低，得病的概率也就相应提高。另一方面，因为不运动，所以体内能量消耗少，身体会越来越胖，高血压、动脉粥样硬化等疾病也随之而来。

由此可以看到，惰性对于人的身体健康有极大的危害。对心理健康人来说，亦是如此。懒惰的人不愿意动脑筋去思考，久而久之，大脑思维的灵活性必然会降低，长此以往的话，还有可能降低人的智能。此外，懒惰的人没有一个明确的理想目标，缺乏奋斗的激情，也就难以实现自己的人生价值，更不可能获得学业、事业上的成功。从另一方面来说，惰性使人只想索取而不愿意付出，整天无所事事、游手好闲，备受他人的指责，得不到亲人朋友的认可，因此产生人际交往障碍。懒惰的人还常因不愿担负社会责任而受到纪律处罚或舆论批评，存在许多社会适应问题。

有目标、有追求是克服惰性的根本。古人说，哀莫大于心死，没有目标的人缺乏追求，终日浑浑噩噩，无所事事。有目标就有所追求，也就对生活充满希望，让人生活得更加充实，每个人都应该树立自己的目标，并为实现目标辛勤劳作。每当有惰性出现时，想想目标的美好就会让人精神振作、加倍努力。

惰性较强的人应主动寻找生活压力。没有压力是好逸恶劳的人的通病，应比较客观地将自己与周围人作比较，找出与他人的差距，为什么别人就有所作为，自己却一事无成？为什么别人就受人尊敬，自己却被小瞧？感到自己不如人就会有迎头赶上的愿望，进而克服惰性，投身工作。

好逸恶劳的人还应引入监督机制，使自己置身于他人的督促之下，既然自己主动性差、管不住自己，不妨让自己的家人、朋友、同事监督自己的言行，在他人的帮助下克服惰性。

一个懂得珍惜时间、勤奋努力的学生，他的学习不需要老师和家长的催促，他会主动自发地完成，并且会完成得很出色。不仅如此，一个勤奋的学生，他在生活中各个方面的表现都会很优秀，他总是勇于去挑战自己，去尝试着做些什么。这样一来，他对学习的兴趣就会多一些，成功的机会就会大于其他的人。这就是一个勤奋的人和懒惰的人的区别。

为了克服懒惰，使自己成为一个勤奋的人，青少年学生应该做些什么呢？

（1）合理安排时间。学习懒惰常常与生活散漫分不开。养成有规律的生活节奏是矫治懒惰习性的第一步。日常生活井然有序的人，做事就不会拖拖拉拉、疲疲沓沓。

（2）激发学习兴趣。兴趣是勤奋的动力，一个人对某项事物产生了兴趣，便会积极主动地投入，消除懒惰。

（3）寻找榜样。找一个学习勤奋、做事勤劳的同学作为自己的榜样，并请这位同学多帮助和监督自己。

（4）培养勤奋的作风。学习懒惰是一种不良的行为习惯，也反映了一个人对生活对学习的一种态度和观念。勤奋可以改进自己的学业，勤奋可以使人事业成功、生活幸福。勤奋的人比懒惰的人有更多的人生乐趣。

（5）加强体育锻炼。有些学生学习懒惰是因为身体虚弱或疾病，致使身体容易疲乏，学习难以持久。要鼓励其多多参加体育活动，改善营养或积极治疗，以增强体质。

所谓"冰冻三尺，非一日之寒"，所以，学习中的懒惰行为不是一朝一夕就能改变的，我们要时常提醒自己，做到持之以恒，这样才能改正学习懒惰的行为。

自我管理箴言

　　谁都会有惰性，适当进行心理调节，克服自己的惰性，生活才会更加丰富多彩，更加令人满意。

远离校园暴力的伤害

　　所谓的校园暴力是指学生之间、师生之间的暴力伤害以及对学校的破坏。暴力伤害不仅包括肢体行为所造成的伤害，也包括其他如语言伤害、被强迫做自己不喜欢的事、被故意陷害造成生理、心理的伤害等。

校园，本该是一方净土，文明的殿堂。然而，近年来，校园暴力事件时有发生，给宁静的校园蒙上了一层阴影，更让一些受害的学生对校园充满畏惧。

小刚抱着课本在校园里走着，突然被迎面而来的同学撞了一下，书本散了一地。他抬头一看是李波。在此事之前，小刚从没有和李波接触过，但是他知道李波，因为他是同年级的学生霸王，连老师都怕他三分。小刚没敢说话，捡起地上的书就跑掉了，依稀听到李波骂了句："书呆子，傻帽!"两天后的一个下午，小刚在去考场的路上，被一名女生叫到楼道的一个角落。李波和其他几个学生正等在那里。他们一看到小刚，就围上来狠狠地打他，边打边说："叫你撞我，叫你学习好!"

小刚被打得很重，医生诊断后，说有轻微的脑震荡。出院后，小刚怎么也不想去上学了。强烈的不安全感，让他远离了校园。

校园暴力已经不再是偶然现象了。学生在学校学习的同时，该如何加强

远离校园暴力

自我保护呢?

1. 增强自我保护意识

一株幼苗成长为参天大树,不仅需要大自然提供的阳光、空气、水分及所需的养料,而且其自身还必须具有抵制各种病虫害的能力。青少年就像一株株苗壮成长的幼苗,要成为国家的栋梁之材,不仅要学习科学文化知识,还要增强自我保护意识,学会自我保护。

每位同学都要学习未成年人保护法,知道自己在哪些方面应受到保护。一旦权利受到侵犯,要立刻想到进行自我保护。委曲求全、息事宁人的做法,只会让对方觉得你好欺负,纵容他的暴行。

2. 提高自我保护能力

在受人欺负、可能发生危险时,要主动、及时地和老师、家长、公安人员取得联系,积极争取学校、社会和家庭的保护和帮助。要学会用法律武器保护自己。

父母老师不能随时保护你,因此你还要提高自我保护能力。有人欺负你,你就要反抗,使其不敢再欺负你,但你也不能反过来欺负别人。反抗并不等于"他要打你,你就打他"。"以暴制暴"也许会增加彼此的仇恨,造成安全隐患。保护自己、反抗"暴行"不一定要用武力,特别是在实力相差过大的情况下,动作反抗的危险性比较大。施暴者通常"头脑简单,四肢发达",因此,你要善于运用你的智慧,以"智"斗"勇"。

被人殴打感觉身体不适时,要设法与老师或家长取得联系,尽快到医院治疗。妥善保管看病治疗的医院单据和诊断书,以备后用。事后,向学校保安部门或当地公安局报案,报清出事的时间、地点、打人者的特征。

被人堵截要钱,要以人身安全为主,先将钱给对方,记住对方的体貌特征。事后报告老师、家长和公安机关,并请求老师不要说出自己的名字,不要让家长直接去找对方,以免遭到报复。受害者肯定不止你一人,只要大家都勇于报案,勒索者就不敢再嚣张下去。

女生在学校被男生纠缠骚扰,要告诉老师、家长,不要顾及面子或因害怕而忍气吞声,软弱和沉默就是纵容,最终只会导致自己频频受害,陷入可怕的梦魇之中。

记住常用的急救电话:匪警电话110;火警电话119;医院急救电话120;

交通事故电话122。

记住当地公安派出所的电话，因为有时候急救电话过于忙碌会导致耽误时机。

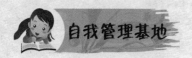

近年来，发生在青少年等未成年人之间的搜身、拦截、殴打、强行索取财物、人身伤害等现象屡屡见诸报端。一些学校竟有10%左右的青少年受到过不同程度的侵害，校园暴力严重地危害了青少年学习、生活和身心健康，作为青少年学生一定要学会保护自己。

 自我管理基地

你学习走神吗

集中注意力在学生的学习过程中是很重要的，无法集中注意力的青少年常常伴随着学习兴趣的下降，对学习苦恼，进而有可能发展成厌学。因此，如果您觉得自己在平时的学习过程中注意力不够集中，而且可能已经影响到了你的正常学习时，请自己测一测吧。

下面的数字每一项中都有一些两两相邻，其和等于10的成对的数，集中注意力找出这些数，并在每对的下面画上线。此组题是测速度的，要在5分钟内做完，不要超时，否则得不到准确成绩。从一开始做，就一直到做完为止，中间不能停顿。

A. 24682468369118194455566667777738

B. 19873826455910884234568345679496

C. 98798787682676570198684743289610

D. 32132112312354378239237236324376

E. 76554744466688831345178913141561

F. 64328976375209382457864018258640

G. 20563770895745505533554465505744

H. 83659172375943767766554433221199

I. 91827364558183729108207456789234

J. 27348556472378026775675675645766

K. 63860918764382928765465435432321

L. 97543354682254668574635296645324

M. 40439347368247463647586972837283

N. 90161984632876428487659071151682

O. 83654289661036826754698457342891

P. 48654876983473896474676476473468

Q. 89573869010285378232818171615648

R. 64286497628018365283667788991122

S. 48295163837846752266337744885599

T. 62482746389619848328455918264379

U. 29148756394678831234567898765437

V. 98765432198765431421521621728192

W. 12345678912345671521631746135124

X. 33467382914567349129123198765190

Y. 53982774675370988028382082465934

测试报告：本测试题共有 143 对相加等于 10 的邻数。每答对一对数字记1 分，各题得分相加，统计总分。

117~143 分：你集中注意力的能力非常强，学习效率很高。

106~116 分：你善于集中注意力，学习效率比较高。如果能有意识地经

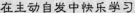
常进行一些这方面的训练，就会达到优秀水平。

95~105分：你注意力一般，刚好及格，学习效率偏低，需要改善自己的注意力。

0~94分：你的注意力比较差，学习效率很低，是注意力不集中的孩子，最需要提高注意力。如果照目前状况发展下去，你的注意力将会变得越来越差，成为制约你学习的严重障碍。